KLAUS BLUME

Tatort Fankurve

Fußball, Gewalt und Rechtsextremismus

ROTBUCH VERLAG

Von Klaus Blume liegt bei Rotbuch außerdem vor:
Die Dopingrepublik. Eine (deutsch-)deutsche Sportgeschichte (2012)

ISBN 978-3-86789-188-2

1. Auflage

Umschlaggestaltung: fuxbux, Berlin
Umschlagabbildung: Marcus Hammerschmitt / bobsairport
Druck und Bindung: CPI Moravia Books GmbH

Ein Verlagsverzeichnis schicken wir Ihnen gern:
Rotbuch Verlag
Alexanderstraße 1
10178 Berlin
Tel. 01805/30 99 99
(0,14 Euro/Min., Mobil max. 0,42 Euro/Min.)

www.rotbuch.de

Inhaltsverzeichnis

VORWORT

Der Fußball – eine Bühne der Gewalt

Es geschah am Pfingstmontag, in der Nacht zum 21. Mai 2013. Als unwiderruflich feststand, der niedersächsische Traditionsverein Eintracht Braunschweig würde in der Saison 2013/14 nach langen Jahren quälenden Wartens endlich wieder in der ersten Fußball-Bundesliga aufspielen. Als diese Tatsache unter den Braunschweiger Fans publik wurde, brach los, was die dortige Polizei als die »schlimmsten Fußballkrawalle in der Geschichte unserer Stadt« einstufen musste. Nach dem Aufstieg des Braunschweiger Clubs randalierten rechte Fans in der Innenstadt, als gäbe es kein Morgen. Als könnten Zerstörung und Trümmer eine neue Epoche markieren. Flaschen, Gläser und Aschenbecher wurden ohne Rücksicht auf mögliche Verletzte von Straßenseite zu Straßenseite geworfen. Mit Stühlen und Tischen griffen militante Fußballfans ohne Vorwarnung Polizeibeamte in der Innenstadt brutal an.

»Randalierer« nannte Polizeipressesprecher Joachim Grande die Gruppe anderntags im Gespräch mit der Berliner *Tageszeitung* (taz); eine Gruppierung, die so betrachtet »nicht politisch einzuordnen« sei. Wie das? Wohl blind auf dem rechten Auge? »Rechte Hooligans« erkannte hingegen die »Initiative gegen rechte Hooligan-Strukturen« in jenen Angreifern, die am Pfingstmontag 2013 Braunschweigs Innenstadt in Schutt und Asche legen wollten und dabei die Polizisten ebenso routiniert wie systematisch in die Flucht geschlagen hatten.

Die Polizisten setzten zwar Pfefferspray und Schlagstöcke ein – aber ohne Erfolg. Sie mussten sich als geschlagene Truppe zurückziehen. Wie so etwas passieren konnte? Die Einsatzkräfte, so Braunschweigs Polizeipressesprecher, seien von der »außerordentlichen Aggressivität« der Angreifer überrascht worden. Dadurch habe man sich überrumpelt gefühlt und in die Enge treiben lassen. Ein erneutes Einschreiten wagte die Polizei erst, als die Fußgängerzone an beiden Enden abgeriegelt wurde und zusätzliche Verstärkung aus Hannover, Göttingen und sogar von der Bundespolizei eingetroffen war. Aber auch dieser massive Einsatz führte nur zu einem Pyrrhussieg: zwanzig Polizisten wurden verletzt, manche von ihnen sogar schwer. Die rechtsradikalen Schläger zogen anschließend johlend davon, um sich gemeinsam mit ihren Anhängern gebührend zu feiern.

Auf das, was sich an Pfingsten in Braunschweig ereignet hat, hätte sich die Polizei vorher durchaus einstellen können. Denn die rechte Hooligan-Gruppe »Alte Kameraden«, die bereits »seit der letzten Eiszeit« – so deren eigene prahlerische Angabe – im Braunschweiger Lande die rechte Stoßrichtung vorgibt und schon immer öffentlich vorgelebt hat, gilt nicht nur in deren braunen Kameradschaften als brandgefährlich. Und das bereits seit 1982. So hat sich denn die Gegend in und um Braunschweig als sicheres Versteck für Terroristen des Nationalsozialistischen Untergrunds (NSU) um Beate Zschäpe, Uwe Mundlos und Uwe Böhnhardt einen Ruf wie Donnerhall erworben. Wenn auch nur ein kleiner Teil davon nicht nur aus Prahlerei hinausposaunt wurde – so bleibt der Rest nicht minder beängstigend. Alles nur halb so schlimm? Man höre sich nur mal in den Braunschweiger Kreisen um und urteile danach …

Der Polizei muss das entweder nicht zu Ohren gekommen oder von ihr nicht ernst genommen worden sein; wohl auch nicht vom Vorstand der Braunschweiger Eintracht. Denn wie reagierte dieser auf das, was sich in und um seinen bundesweit ins Gerede gekommenen Verein tat und immer noch tut? Er erteilte Holger Apfel, dem Bundesvorsitzenden der NPD und sächsischem Fraktionsvorsitzenden im fernen Dresden, ein sofortiges Stadionverbot – weit weg in Niedersachsen. Warum? Der gebürtige Hildesheimer Holger Apfel hatte das letzte Punktespiel der Braunschweiger gegen den FSV Frankfurt in der Zweiten Bundesliga besucht und danach auf seiner Facebook-Seite ein Foto mitsamt einem Rasenstück aus dem Stadion gepostet. So etwas, sagten sich die Braunschweiger Vorstandsherren, solle sich nicht wiederholen. Deshalb also das energisch ausgesprochene Stadionverbot. Was – bis in die Frankfurter Zentrale des Deutschen Fußball-Bundes (DFB) – wie ein Signal leuchten soll, wirkt bei Betroffenen nur wie blinder Aktionismus. Und die rechte Szene? Die kampferprobten »Alten Kameraden« kann eine solche Maßnahme kaum einschüchtern. Schließlich erledigen sie und nicht etwa der Bundesvorsitzende im fernen Sachsen in Braunschweig die Drecksarbeit – für dessen Partei und deren rechte »Kameradschaften«. Es bleibt also alles wie gehabt.

Tatort Fankurve – dabei sollte es ursprünglich um die Krawalle in deutschen Fußballstadien gehen. Doch durch die aktuellen Recherchen im Sommer 2013 ist die mitunter schon bedrohliche Nähe rechtsradikaler Fankurven zum Nationalsozialistischen Untergrund (NSU) wider Erwarten zu einem wichtigen Bestandteil dieses Buches geworden. Vor allem, weil sich diese Zusammenhänge während der monatelangen Nachforschungen immer wieder ergeben und Schritt für Schritt erhärtet haben. Ob nun bei meinen Nachforschungen in »SS-Siggi« Borchardts berüchtigter Dortmunder Hooligan-Szene oder in der idyllischen vorderpfälzischen Rhein-Neckar-Region. In »SS-Siggis« gefürchteter »Borussenfront« – so Augen- und Ohrenzeugen – sei auch der 2011 freiwillig aus dem Leben geschiedene NSU-Terrorist Uwe Mundlos hin und wieder abgetaucht, ohne dabei von V-Leuten bemerkt worden zu sein. Aber vielleicht wollten sie ihn ja auch gar nicht bemerken. Wie auch immer: es gibt darüber keine aktenkundigen Hinweise.

In der Vorderpfalz wiederum gestaltete einst jener Ralf Wohlleben, der sich seit dem 6. Mai 2013 beim NSU-Prozess in München verantworten muss, noch immer aktive Webseiten. Es sind Webseiten, auf denen man sich noch im Juli 2013 als neues Mitglied eintragen konnte – wenn man es denn wollte. NPD-Funktionär Wohlleben ging dort dem Karate- und Kick-Box-Coach Malte Redeker zur Hand, einem Mann, bei dem man übrigens auch Fußball lernen und spielen kann. Wohllebens und Redekers Gruppierung, so heißt es in der Szene, unterhalte eine besondere Kameradschaft zu den rechten Anhängern des traditionellen Regionalligavereins SV Waldhof Mannheim. »Wolle«, wie die Nazikameraden im rechten »Aktionsbüro Rhein-Neckar« den »Volksgenossen Wohlleben« weiterhin liebevoll nennen, soll dem NSU-Kerntrio Uwe Mundlos, Uwe Böhnhardt und Beate Zschäpe Geld und Waffen besorgt haben. Nein, mit Sport hat das alles nichts zu tun und mit Fußball schon gar nicht ... Oder irren wir uns da?

In erster Linie sollte *Tatort Fankurve* also ein Buch über die zunehmende Gewalt in deutschen Fußballstadien werden – doch bei den Arbeiten dafür traf ich immer wieder auf rechtsradikale und neonazistische Gruppen. Das wurde zu der einen, bisweilen auch Angst einflößenden Seite meiner Nachforschungen. Natürlich gibt es auch eine andere Seite. Anfang 2013 richtete die Bundestagsfraktion der Linken eine kleine Anfrage zur »Entwicklung von Straftaten und Ordnungswidrigkeiten im Fußball« an die Bundesregierung. Deren Antwort, die Zahl der Körperverletzungen unter Zuschauern sei von 861 in der Saison 2001/02 auf 1831 in der Spielzeit 2011/12 angestiegen, hört sich auf den ersten Blick zwar alarmierend an, ist es auf den zweiten aber schon gar nicht mehr. Denn 2001/02 besuchten nur knapp 12 Millionen die Spiele der Ersten und Zweiten Bundesliga, während 2011/12 bereits rund 19 Millionen die deutschen Stadien stürmten. Und es werden von Jahr zu Jahr mehr. Fußball boomt wie nie zuvor. Da relativieren sich die Zahlen der auf den Tribünen und vor den Stadien in Schlägereien verwickelten Zuschauer zumindest auf den ersten Blick recht schnell.

Aber beruhigt das auch? »Andererseits haben Fußballvereine und Fans eine Reihe ernstzunehmender Probleme, die meist zu oberflächlich unter Begriffen wie ›Gewalt‹ oder ›Krawall‹ zusammengefasst werden«, bemerkte am 3. März 2013 der Berliner *Tagesspiegel*. Da geht es zum

Beispiel um das Abbrennen bengalischer Feuer, was den meisten Fußballanhängern als wesentlicher Teil ihrer Fanriten gilt, aber weder vom Deutschen Fußball-Bund (DFB) noch von der Deutschen Fußball-Liga (DFL) jemals legalisiert werden kann. Schon aus versicherungstechnischen Gründen nicht. In den pyrotechnischen Aufführungen läge also weiterhin viel Zündstoff, so heißt es beim DFB.

Was aber viel mehr beunruhigt: Weit schlimmer – und das wird gleichzeitig allzu sehr unterschätzt – sind die Unterwanderungen politisch kaum interessierter Fans durch raffiniert vorgehende Rechtsradikale. Das haben alle Erfahrungen der eigens durchgeführten Recherchen bestätigt. Es geht dabei um jene Rechtsradikale, die sich weder äußerlich als solche zu erkennen geben, noch in den bisher weitgehend bekannten Sprachduktus verfallen. Wer immer auch in diesem Umfeld recherchiert, erhält – und zwar nachhaltig – den Eindruck, Polizisten, Politiker und Sportfunktionäre wollen dieses Thema partout und unisono auf Sparflamme köcheln. Ob aus Angst, aus dem längst herrschenden Schwelbrand könnten sie womöglich etwas kaum mehr Löschbares entfachen? Oder resultiert diese nur schwer erklärbare gemeinschaftliche Zurückhaltung sogar aus einer nicht begreifbaren, aber trotzdem vorhandenen unterschwelligen Sympathie für die rechte Seite? Manchmal bekomme man diesen Eindruck, sagt Barbara John, die Ombudsfrau für die Angehörigen der NSU-Opfer. Was auch immer dafür getan wurde, der braune Boden scheint – jedenfalls im Fußball – weitgehend gedüngt und teilweise schon beackert zu sein.

Beispiele gibt es leider längst in Hülle und Fülle. So können Sie in fast allen Clubs der ersten, zweiten und dritten Liga – und sogar direkt beim Deutschen Fußball-Bund – ihr jeweiliges Fantrikot ohne Mühe mit rechtsradikalen Zeichen und Zahlen, ja sogar mit den Namen früherer Hitler-Gefolgsmannen, wie Reinhard Heydrich, Hitlers erstem Mann für die »Endlösung der Judenfrage«, bedrucken lassen. Das geschieht ohne Nachfrage im Handumdrehen, und niemand regt sich hierzulande noch darüber auf. Einige Kapitel weiter ist dies genau aufgezeichnet; auch, dass lediglich der FC Bayern München und Borussia Dortmund derartige Aufträge abgelehnt haben. Sonst aber funktioniert so etwas scheinbar allerorts problemlos.

Theo Zwanziger, von 2004 bis 2012 Präsident des Deutschen Fußball-Bundes (DFB), sagt dazu: »Was ich gegen das Neonazitum, gegen Rassismus und Antisemitismus unternommen habe, wird jetzt immer wichtiger. Die Gesellschaft muss also den Fußball zwingen, an diesen Dingen dranzubleiben. Denn die Bewusstseinsbildung geht ja von der Spitze aus. Dort müssen die entsprechenden Zeichen gesetzt werden, was ich in meiner Amtszeit immer wieder getan habe. Natürlich haben in vielen Vereinen die Leute damals gedacht: Was macht der denn da? Leider habe ich inzwischen den Eindruck, mein Nachfolger konzentriert sich stattdessen allzu sehr auf das Kerngeschäft Fußballspiele.«

Gleichwohl geht es nicht nur um neonazistische Umtriebe in Deutschland. Dieses Buch zeichnet auch auf, wie die internationalen Verbindungen der Hooligans und der Fußballnazis in den letzten Jahrzehnten nach dem Zweiten Weltkrieg zustande gekommen und miteinander verzahnt worden sind – und warum sie heute so und nicht anders funktionieren. Vor allem in Europa.

Daneben gibt es auch intensive europäische Verbindungen nach Nordamerika, nach Asien, Südafrika und ganz besonders nach Lateinamerika. Und weil bei der Abfassung dieses Buches auch der Confederations-Cup, die Generalprobe für die WM 2014, ausgerechnet im fußballverrücktesten Land der Welt – in Brasilien – kaum eine Rolle gespielt hat, sondern vielmehr das aufgebrachte Volk, welches heftig gegen die verschwenderischen Ausgaben des Staates protestierte, muss auch darüber geschrieben werden. Diese Demonstrationen sollten neben dem »Kerngeschäft Fußballspiel« (Theo Zwanziger) keinesfalls unbeachtet bleiben. Natürlich sind in Brasilien vor allem deshalb Hunderttausende auf die Straße gegangen, weil jener Staat derzeit die größten und teuersten Stadien der Welt für die Fußballweltmeisterschaft 2014 und die Olympischen Spiele 2016 baut, während das Volk in bitterer Armut lebt; weil es vor allem an Schulen und Krankenhäusern mangelt – und weil eine Besserung nicht in Sicht scheint. Das alles ist schlimm und wird sich in absehbarer Zeit leider auch nicht unter der sozialdemokratischen Präsidentin Dilma Rousseff ändern.

Dennoch lenkt es zumindest vorübergehend den Blick von den brasilianischen Hooligans ab, die – seit eh und je mit Schusswaffen und Messern ausgerüstet – innerhalb der internationalen Fanszene als die gewalttätigsten der Welt gelten. Deren fast schon sprichwörtliche Brutalität schreckt die »Kameraden« in anderen Ländern, auch in Übersee, aber keineswegs ab. Im Gegenteil: Vielen deutschen Hooligans gelten die brasilianischen »Brutalos«, wie sie sich selbst nennen, als besonderes Vorbild. Sie eifern ihnen schon deshalb nach, weil sich die brasilianischen »Kollegen« weit intensiver in Kampfsportarten schulen lassen als deutsche Hooligans. Die Brasilianer sind auch besser ausgerüstet, sowohl mit modernen Schusswaffen wie mit der dazugehörigen Munition. Deshalb zählen in Brasilien laut Politikern und Polizisten immer häufiger auch Mordfälle zu jenen Tatbeständen, die sich um den Fußball herum ereignen. Zumeist sind es Straftaten, die nach sorgfältiger Vorbereitung erfolgen und nicht etwa aus dem Affekt heraus. Ein jüngeres Beispiel dafür: Am 26. März 2012 starb nach dem Spiel der Spitzenclubs SE Palmeiras und Corinthians, beide Vereine sind in Sao Paulo beheimatet, ein 21-jähriger Palmeiras-Fan. Wie die Polizei ermittelt hat, nicht etwa nach einer spontanen Auseinandersetzung, sondern nach einem gezielt aus dem Hinterhalt abgefeuerten Kopfschuss.

Eine ebenso große Vorbildwirkung auf deutsche Hooligans entfalten seit Jahr und Tag die argentinischen »Barras«. Nicht etwa auf die Ultras, also auf die fanatischen, aber meist friedlichen Fans eines jeweiligen Vereins, sondern auf gewalttätige deutsche Hooligans. Der Unterschied zu den Argentiniern? Deren Hinwendung zu einer Mannschaft hat nichts, aber auch gar nichts mit dem Kerngeschäft Fußball zu tun. Es ist vielmehr ein Netzwerk, das sich mit Erpressung, illegalen Geschäften und Racheakten beschäftigt. Bis zu diesem Punkte ähneln die argentinischen »Barras« durchaus den britischen Hooligans, aber bislang – Gott sei Dank – nur bedingt deutschen Schlägertrupps.

Worin sich die Geschäftsmethoden der »Barras« von denen der deutschen Hooligans ebenfalls grundlegend unterscheiden, sind jene drei Dinge, die in keinem der deutschen Hooligan-Kreise, aber in Südamerika und Großbritannien und zum Teil auch in Italien eine ganz entscheidende Rolle spielen: gewinnbringender Drogenhandel, Schutzgelderpressung in Restaurants, Kneipen und kleineren Geschäften und damit zusammenhängend Morddrohungen sowie ein mafiaähnliches internes Schweigegesetz. Übernommen haben deutsche Hooligans von den Briten und auch von den Argentiniern aber längst gewinnbringende wie prestigeträchtige Söldnerdienste für gewisse Interessengruppen, in Deutschland vor allem für rechtsradikale Parteien und deren »Kameradschaften«. Was nicht so einfach ist, denn es fällt hierzulande immer schwerer, Waffen und – fürs private Geschäft – auch Drogen ins Stadion zu schmuggeln. Wenngleich solche Versuche mit Hilfe rechtsorientierter Ordner stets aufs Neue und immer erfolgreicher gestartet werden. Ein Glück aber, dass die Grenzen zwischen Hooligans und Politikern, die in Argentinien, teilweise in Großbritannien und seit vielen Jahren auch in Italien längst fließend sind, bei uns offenbar immer noch bestehen. Aber wie lange noch?

Wenn dieses Buch erscheint, ist die Bundesliga-Saison 2013/14 längst in vollem Gange. Daher müssen wir auf verlässliche Zahlen aus den Spielzeiten 2011 bis 2013 zurückgreifen: Der Aufsteiger der Saison 2012/13, die Frankfurter Eintracht, beendete die letzte Saison – vom Beifall umrauscht – auf Platz 6. Darüber hinaus hat die Eintracht einem Bericht der polizeilichen Zentralen Informationsstelle Sporteinsätze (ZIS) in Düsseldorf zufolge zusätzlich auch einen ersten Platz erreicht – in der »Gewalttabelle« des deutschen Profifußballs. Die hessischen Hooligans feierten sich daraufhin unverhohlen als »deutsche Randalemeister«, und Eintracht-Vorsitzender Heribert Bruchhagen gab gegenüber der *Bild* zerknirscht zu: »Ja, Eintracht Frankfurt gilt bundesweit als unsympathischster Verein – aufgrund seiner Fans.« Auf Platz zwei der gemeinsamen »Gewalttabelle« von erster und zweiter Liga: Dynamo Dresden – wer sonst? Auf Rang drei folgt – längst mit Tradition – Schalke 04. Bei den großen Problemen des Ruhrgebiets – insbesondere der hohen Arbeitslosigkeit in Gelsenkirchen – wird dies wohl noch eine ganze Weile so bleiben.

Etwa 4500 Strafverfahren hat die Polizei in den letzten Jahren im Schnitt per annum gegen gewaltbereite Fußballfans in Deutschland eingeleitet. Fans, die bereit sind, vor Mikrophon und Kamera zu erzählen, wie es wirklich in ihren Kreisen zugeht, riskieren angesichts jederzeit gewaltbereiter Hooligans und deren Verbindungen zum rechten Rand Kopf und Kragen. Sie riskieren, verfolgt, bestraft und auf lange Zeit von den ehemaligen Kameraden geächtet zu werden. Wer sich hierzulande mit den Medien einlässt, läuft nachweislich Gefahr, von seinesgleichen ausgegrenzt zu werden. Und das verläuft selten ohne Gewalt. Denn die Gewalt, die auf unseren Straßen und besonders auf großstädtischen U-Bahnhöfen um sich greift, ist längst auf den Fußballplätzen angekommen. »Fußball ist ein Spiegel der Gesellschaft«, konstatierte der Schweizer Joseph Blatter, Präsident des Internationalen Fußball-Verbandes (FIFA), nachdem er Anfang Dezember 2012 über den Totschlag eines Amateurschiedsrichters in den Niederlanden unterrichtet worden war. Eine solche Aussage klingt, als würde dieses Thema zwar die Politik und die Justiz, nicht aber den Fußball etwas angehen. Aber es betrifft ihn sehr wohl, wenn beispielsweise bei den Spielen des Regionalliga-Teams FSV Zwickau dessen Anhänger beim Treffen gegen Erzgebirge Aue II ungeniert grölen dürfen: »Terrorzelle Aue, olé, olé, olé – NSU.« Oder, wenn sie zur Abwechslung mal brüllen: »Wismut Aue – Jude, Jude, Jude.« Beate Zschäpe, so scheint es, ist also daheim im sächsischen Zwickau viel populärer, als es dessen Bürger der Öffentlichkeit laut Umfragen glauben machen wollen.

Krawalle im und neben dem Stadion lassen sich – obgleich unter Vorbehalt – mitunter auch als Ausdruck pubertärer Aggressionen deklarieren, zumal der angesehene Sozial- und Sportwissenschaftler Gerd Dembowski 2012 den nordrhein-westfälischen Landtagsabgeordneten in Düsseldorf zu erklären versuchte, dass alles, was sich um den hiesigen Fußball herum zutrage, gar nicht so schlimm sei, wie es auf den ersten Blick erscheine. Denn schon im 12. und 13. Jahrhundert – nein, das ist nicht ironisch gemeint! – hätten sich schließlich ganze Dorfgemeinschaften tagelang in fußballähnlichen Duellen bekämpft und damit die Welt auch nicht aus den Angeln gehoben. Dembowskis Fazit: »Der heutige Fußball ist dagegen eine zivilisierte Form der Gewalt.«

Aber gewiss ist sie das nicht mehr, wenn es darum geht, den Fußball nachhaltig mit nazistischem und rassistischem Gedankengut zu unterfüttern. Denn der Sport, ganz besonders der Fußball, ist geradezu prädestiniert dazu, jedweden Ideologietransport zu befördern. Auch den rechter Wirrköpfe und nazistischer Vordenker. Deshalb ist der Kampf um Fußballvereine in aller Welt auch eine der wichtigsten Säulen im Strategiekonzept aller Rechtsradikalen geworden. Zumal deren Strategen längst herausgefunden haben, dass die Fankurve vielen Jugendlichen eine der wichtigsten Möglichkeiten zur Sozialisierung mit Gleichaltrigen bietet. Von Deutschland bis Brasilien. Sie wissen auch, dass der Fußball bei vielen von ihnen eine Wichtigkeit erlangt hat, die längst die Grenzen des Angemessenen überschreitet. Fußball ist für einige Jugendliche eine Art Ersatzrealität geworden und stellt oftmals sogar ihren einzigen Lebensinhalt dar.

Einige erleben es deshalb als persönlichen Verlust, wenn die eigene Mannschaft verliert. Und weil das nun einmal so ist, finden sie in ihrer grenzenlosen Enttäuschung dafür oft kein anderes Ventil als die Gewalt. Außerdem betrachten viele von ihnen einen Fußballplatz als Ort, an dem sie sich abreagieren können: Vom Frust im Beruf, in der Familie, mit der Freundin, die mit Fußball meist nicht allzu viel anfangen kann – das alles soll dann auf den Zuschauerrängen kompensiert werden. Und die Rechten helfen dabei, kümmern sich, trösten, hören zu … Theo Zwanziger sagt zu alledem: »Die Ideologie der Neonazis ist darauf ausgerichtet, den vorpolitischen Raum zu gewinnen und dort unpolitische Menschen zu beeinflussen.«

In diesem Buch wird aufgezeigt, dass die Neonazis mit dem Fall der Mauer weder urplötzlich in den neuen Bundesländern auftauchten, noch aus dem Westen eingeschleust wurden, sondern schon immer dort waren, wo sie noch immer sind; dass sie zu DDR-Zeiten sogar Hitlers Geburtstag gefeiert haben – unter den Augen der Stasi und ohne Folgen. Ich habe aufgeschrieben, wie die Rechten in der alten Bundesrepublik bezahlt worden sind und wie die Geldströme der Rechten für deren Gesinnungsgenossen quer durch Europa verlaufen. Und ich habe versucht, deutlich zu machen, dass Statistiken niemals zu trauen ist. Auch dann nicht, wenn sie von einem Innenministerium oder von einem Landeskriminalamt erstellt und in Umlauf gebracht worden sind.

Denn die Brutalität im und um den Fußball herum hat zugenommen – auch wenn es manche Statistiken anders ausdrücken. Vier Jahre und zehn Monate Haft wegen versuchten Mordes, lautete zum Beispiel das Urteil gegen den Angeklagten nach einem brutalen Überfall auf Bremer Fußballfans am 29. Januar 2013 in Bielefeld.

Kein Einzelfall: Am 3. Februar überfielen etwa 50 Vermummte auf einem Autobahnrastplatz Fans des Bundesligaclubs Greuther Fürth während ihrer Rückreise vom siegreichen Bundesliga-Spiel gegen Schalke. Die Fürther verschanzten sich in ihren Bussen, die Polizei rückte per Hubschrauber an – viel zu spät.

In Berlin wiederum wurde nach dem Zweitligaspiel Hertha BSC gegen Dynamo Dresden ein 31-Jähriger mit einem fest zugeknoteten Fanschal von der Polizei in einer S-Bahnstation gerade noch kurz vor dem Erstickungstod gerettet. Das Opfer lebt mit dem Down-Syndrom.

Und es geht immer weiter. Zu Beginn der Saison 2013/14, am 27. Juli, wurde bei einem Flaschenwurf auf den Mannschaftsbus des FC Bayern München eine Fensterscheibe zertrümmert. Geschehen nach dem verlorenen Supercup-Spiel in Dortmund (2:4); verletzt wurde niemand.

Die andere Seite: Als es Ende August 2013 beim Qualifikations-Hinspiel zur Champions League zwischen Schalke 04 und PAOK Saloniki zu einem umstrittenen Polizeieinsatz als Reaktion auf Zuschauertumulte gekommen war, kritisierte Rainer Wendt, der Vorsitzende der Deutschen Polizeigewerkschaft, dass die Schalker Funktionäre auf der Ehrentribüne säßen und Canapés essen würden, während »unsere Leute zwischen den Blöcken stehen und sich ihrer Haut erwehren« müssen. Liga-Präsident Reinhard Rauball (siehe auch den Beitrag »Null Toleranz«) antwortete: »Auf jeden Fall halte ich es für anmaßend, wenn ein führender Polizeigewerkschafter den Verantwortlichen von Schalke 04 den Mund verbieten möchte. Diese Praktiker kennen sich im Zweifel vor Ort besser aus als ein Gewerkschaftsfunktionär mit Sitz in Berlin.«

Womit die Auseinandersetzungen im und um den Fußball erneut eskaliert sind. Denn erstmals prallten nun auch Fußball- und Polizeichefs aufeinander.

Das ist die eine, die schlimme Seite des Fußballs in Deutschland. Vor der anderen, der vielleicht noch schlimmeren, warnte schon 2011 Theo Zwanziger. Wäre er Neonazi, so der einstige DFB-Präsident, würde er in einen Fußballverein gehen und von dort aus diese Gesellschaft unterwandern. Denn das Massenphänomen Fußball biete in Deutschland mit seinen rund 26000 Vereinen eine Bühne, die ihresgleichen sucht.

REINHARD RAUBALL

Null Toleranz

Rechtsradikales Gedankengut, Rassismus, Antisemitismus und Gewalt haben in unserer Gesellschaft nichts zu suchen. Nicht auf der Straße, nicht am Arbeitsplatz und schon gar nicht im Fußball. Es gilt in diesen Fragen: null Toleranz. Die Aufgabe aller demokratischen Kräfte ist es – im Fußball und darüber hinaus –, sich hier zu engagieren. Und dieses Engagement beginnt damit, die Probleme zu benennen. Unerlässlich ist in diesem Zusammenhang Präventiv- und Öffentlichkeitsarbeit, um auch und gerade junge Menschen vor menschenfeindlichen Parolen zu schützen.

Der Fußball steht für Internationalität, Weltoffenheit und Toleranz. Daher ist es uns schon immer ein Anliegen gewesen, Zeichen zu setzen und gegen jedwede Form von Rassismus und Diskriminierung vorzugehen. Im März 2013 haben etwa der DFB, die Clubs der Bundesliga und der 2. Bundesliga sowie die Bundesliga-Stiftung erneut die »Internationalen Wochen gegen Rassismus« des Interkulturellen Rates unterstützt. Es ist nur eine von zahlreichen Aktionen, mit denen der deutsche Fußball gegen Rassismus vorgeht. So gedenken viele Clubs jährlich im

Rahmen des »Tags gegen das Vergessen«, der an den Tag der Befreiung des Konzentrationslagers Auschwitz 1945 und an die Millionen Opfer des Nationalsozialismus in Deutschland erinnert.

Während der Europameisterschaften 2012 in Polen und der Ukraine besuchte eine Delegation des DFB, der neben dem DFB-Präsidenten und -Generalsekretär sowie Vertretern der Nationalmannschaft auch Ligarepräsentanten angehörten, die Gedenkstätte Auschwitz. Es war uns wichtig, zu zeigen, dass wir uns der deutschen Vergangenheit bewusst sind und wir die Aufgabe ernst nehmen, immer wieder darauf hinzuweisen: So etwas darf sich nicht wiederholen. Der Deutsche Fußball-Bund (DFB) verleiht seit 2005 den Julius Hirsch Preis in Erinnerung an den ehemaligen deutschen Nationalspieler, der während der Naziherrschaft im KZ Auschwitz ermordet wurde. Mit der Auszeichnung werden Personen und Organisationen, die in besonderer Weise ihre gesellschaftliche Position nutzen, um sich für Freiheit, Toleranz und Menschlichkeit einzusetzen, geehrt.

Neben solch alljährlichen Aktionen hat der Fußball auch mit gezielten Einzelmaßnahmen in der jüngeren Vergangenheit einiges bewegt: Bereits 1993 haben wir unter Federführung des DFB die Aktion »Mein Freund ist Ausländer« gestartet. 2006/07 schloss sich der deutsche Profifußball unter dem Motto »Zeig' Rassismus die Rote Karte« einer Kampagne gegen Rassismus und Diskriminierung an. Und 2012 machten die 36 Proficlubs mit dem Slogan »Geh deinen Weg« auf der Brust auf eine Initiative der »Deutschlandstiftung Integration« aufmerksam, die junge, talentierte Menschen mit Migrationshintergrund in ihren Integrationsbemühungen unterstützt. Dafür verzichteten die Sponsoren der Clubs dankenswerterweise auf ihre Trikotwerbung – beileibe keine Selbstverständlichkeit.

In den Bereichen Antidiskriminierung, Gewaltprävention und Integration gibt es zudem zahlreiche Aktivitäten von Clubs, ihren Stiftungen und der Bundesliga-Stiftung. Auch und vor allem in den Clubs wird unverzichtbare Arbeit vor Ort geleistet unter Einschluss von Fanprojekten, Fanbeauftragten und Fanabteilungen – wie zum Beispiel die Organisation von Besuchen in ehemaligen Konzentrationslagern.

Reinhard Rauball, Jahrgang 1946, war 1999 Justizminister des Landes Nordrhein-Westfalen. Seit 2004 ist er Präsident des Fußballvereins Borussia Dortmund; seit 2007 auch Vorsitzender der Deutschen Fußball-Liga (DFL).

KAPITEL 1

Das Stadion – ein Spiegelbild unserer Gesellschaft?

NSU-Mundlos in der Dortmunder Szene

»Der Fußball kennt keine Grenzen.« Das hat niemand Geringeres gesagt als Bundeskanzlerin Angela Merkel. Als die Fußballwelt 2006 in Deutschland zu Gast war und um den Weltmeistertitel spielte. Kennt der Fußball wirklich keine Grenzen?

Kommerzielle Grenzen scheint es für das zynische Milliardengeschäft Fußball in der Tat nicht mehr zu geben. Es kann und darf sie auch niemals geben, da sich die Branche sonst selbst ad absurdum führen würde. Aber wie steht es eigentlich um die Moral? Dieser längst aus der Mode gekommenen Haltung, die allenfalls noch als belächelte Floskel existiert. Moral? So etwas braucht der moderne Mensch heute offenbar ebenso wenig wie rassistische Grenzen – oder? Und wie sieht es mit der Menschlichkeit aus? Vielleicht benötigen wir wenigstens davon hin und wieder ein Mindestmaß auf und neben dem Fußballplatz. Denn mit Verlaub, Frau Bundeskanzlerin, wo der grenzenlose Fußball hinführen kann, zeigt schon allein das Beispiel des Düsseldorfer Fortuna-Fans »Obi«.

In seiner Stammkneipe, im »Tills«, ist er von jedermann schnell zu finden. Dort sitzt er Tag für Tag, immer mit dem Rücken zur Wand, seit Monaten schon. Das »Tills« ist sein Zuhause. In dieser Düsseldorfer Altstadtkneipe trinken nur Gleichgesinnte ihr Bier. Fans der abgestiegenen Düsseldorfer Fortuna und Anhänger der Düsseldorfer Eishockey-Cracks. Und trotzdem hat »Obi« – dessen wirklicher Name aus Sicherheitsgründen nicht genannt werden kann – fortwährend Angst. Seit dem 20. Oktober 2012, als die Bayern in Düsseldorf spielten und ihm dabei drei unbekannte Männer mit gezielten Kniestößen den Schädel zertrümmerten. Tatort: Fankurve. In einer Notoperation wurde »Obi« der zerstörte Stirnknochen weggefräst und durch eine Titanplatte ersetzt. »Obi«, der Logistiker, »Obi«, der Fortuna-Fan, hat überlebt. Die Angst aber wird ihn wohl noch ein Leben lang begleiten.

Alles halb so schlimm, wiederholt sich Ralf Jäger, Innenminister des Landes Nordrhein-Westfalen, wenn es mal wieder zu solchen oder ähnlichen Vorfällen gekommen ist. Dass sich seit 2012 auch vermehrt und gezielt Rechtsradikale unter die prügelnden Fans mischen, vor allem im bevölkerungsreichsten Bundesland Nordrhein-Westfalen, wo Fußball eine ganz besondere Rolle spielt, stört Jäger offenbar auch nicht sonderlich. Warum auch? Man dürfe, sagte der überzeugte Sozialdemokrat schon im Jahre 2012, Nazis in einem Fußballstadion ganz einfach »nicht überbewerten«. Hassgesänge sowie Übergriffe auf Migranten wurden durch die Äußerungen Jägers bagatellisiert. Ein »Mann ohne Verantwortung?«, fragte deshalb auch der Publizist Klaus Happel in seinem gleichnamigen Buch. Das war 2010 nach der Duisburger Loveparade-Katastrophe, und auf Happels damalige Frage erfolgte bis heute keine Antwort.

Das Schlimmste daran ist: Jäger spricht nur das aus, was viele seiner Kollegen auch nicht anders sehen wollen. Ein fataler Fehler. Denn immerfort zu behaupten, das Fußballstadion sei historisch betrachtet schon immer ein Ort unpolitischer Auseinandersetzungen gewesen, man könne also durchaus ignorieren, was sich dort abspielt, begünstigt in allererster Linie die Werbestrategen der nationalen und internationalen Fußballverbände. Deren Millionen- und Milliardengeschäfte laufen mit derartiger Hilfe nämlich erst recht wie geschmiert. Es hilft aber auf keinen Fall denen, für welche die Politiker angeblich die Verantwortung übernommen haben, also für die ohnehin schon Benachteiligten in der Bevölkerung. Es hilft vor allem nicht jenen Mitbürgern, die von rassistischen und nazistischen Gewalttaten heimgesucht werden; und erst recht nicht denen, die sich dagegen wehren oder gar organisieren.

Aber so etwas lässt sich ja an den vielen runden Tischen landauf, landab mit Vehemenz zerreden. Zum Beispiel auch die gern gestellte, aber niemals beantwortete Frage: Ist das Fußballstadion nun ein Zerr- oder möglicherweise ein Brennspiegel unserer Gesellschaft? Oder anders ausgedrückt: Offenbart sich unsere Gesellschaft, wie unter einem Brennglas betrachtet, in einem Fußballstadion ganz besonders akzentuiert? Ganz ohne Verharmlosungen? Auf alle Fälle spiegelt das, was sich auf und neben deutschen Fußballplätzen abspielt, kein Minderheitenprogramm wider, sondern den deutschen Mainstream. Vielleicht sogar das, was gern und mithin undefinierbar als »deutsche Seele« bezeichnet wird. Darin sind sich viele linke und rechte Demokraten einig. So stellten sowohl das erzkonservative Domradio des Erzbistums Köln wie auch die der SPD nahestehende Friedrich-Ebert-Stiftung bereits im Oktober 2010 übereinstimmend fest, dass in Deutschland rechtsextreme Tendenzen kräftig und unaufhaltsam auf dem Vormarsch seien. Eine These, die beide Institutionen mit Zahlen untermauert haben. Nach Umfragen der Friedrich-Ebert-Stiftung bekennt sich demnach bereits jeder vierte Bundesbürger zu ausländerfeindlichen Einstellungen. Jeder Zehnte stimmte sogar – und zwar ohne Einschränkungen – antisemitischen Äußerungen zu. 35 Prozent meinten frank und frei, Deutschland sei »in einem gefährlichen Maße überfremdet«. Das Kölner Domradio schlussfolgerte daraus, es würde sich hier keineswegs um ein Randphänomen unserer Gesellschaft handeln; vielmehr befänden sich diese starken rechtsextremen Tendenzen »im besorgniserregenden Maße in der Mitte der Gesellschaft«. Aus diesem braunen Bodensatz entsteht in der Fankurve deutscher Fußballstadien derzeit ein rechter, scheinbar grenzenloser Tatort. Alles übertrieben?

Naturgemäß mag nun der Einwand provoziert werden, das alles gelte wohl per se nur für die neuen Bundesländer, also für die Bewohner der ehemaligen DDR und nicht etwa für den demokratisch gefestigten Westen. Weit gefehlt. Ausgerechnet eine Langzeitstudie der Universität Leipzig im ostdeutschen Freistaat Sachsen förderte bei 17 000 Befragten in den Jahren 2002 bis 2012 zutage, dass Rechtsextremismus in allen deutschen Bundesländern besonders ausgeprägt ist: im Osten vor allem bei Jugendlichen, im Westen hingegen bei den älteren Jahrgängen. Übrigens: Entsprechend der Leipziger Studie gelten zwar 32 Prozent der Ost-, aber immerhin 23 Prozent der Westdeutschen als »ausländerfeindlich«. Diese Statistik zeigt zwar nicht zwangsläufig, dass alle Fußballfans seit jeher dem rechten Spektrum zuzuordnen sind, doch es lohnt sich zu untersuchen, inwieweit rechte Tendenzen unter hiesigen Fußballfans bereits verbreitet sind. Die Nähe zwischen Fußballfans und Rechtsradikalen ist jedenfalls nicht zu unterschätzen, auch nicht von der Politik.

So berichtete Mitte März 2013 ein V-Mann der Dortmunder Polizei von einem Treffen zwischen dem Ex-V-Mann Toni S. mit Uwe Mundlos. Er galt vor seinem Freitod am 4. November 2011 als einer der führenden Männer des Nationalsozialistischen Untergrunds (NSU). Mundlos, so der V-Mann der Dortmunder Polizei, habe sich damals in der Nähe jenes Tatorts aufgehalten, an dem wenig später der Kioskbesitzer Mehmet Kubasik ermordet wurde. Offenbar habe sich Mundlos dort mit einem oder mehreren Mitgliedern der Fußball-Hooligans von der »Borussenfront« getroffen. Nach Recherchen der WAZ-Mediengruppe in Essen, die inzwischen Funke Mediengruppe heißt, hätten Mitglieder der rechtsradikalen Terrorzelle Nationalsozialistischer Untergrund (NSU) weitaus intensivere Kontakte in Dortmund unterhalten, als bis zu jenem Zeitpunkt vermutet wurde und noch immer vermutet wird. Gehören dazu womöglich auch die Kontakte ostdeutscher NSU-Mitglieder zur rechtsradikalen »Borussenfront«, deren Mitglieder sich immer dann auf den Stadionrängen ausbreiten, wenn der BVB Dortmund aufspielt? Die hierbei entstandenen Fotos kommentiert die Polizei lapidar, man habe Mundlos auf einigen dieser Bilder deshalb nicht ausmachen können, weil man ihn in Dortmund und in Nordrhein-Westfalen gar nicht gekannt hätte.

Dass ost- und westdeutsche Hooligans aber schon vor dem Fall der Mauer am 9. November 1989 gemeinsam handgreiflich wurden, ist kein Gerücht mehr, sondern längst aktenkundig. Das sollte sich auch bis in den tiefen Westen rumgesprochen haben, denn der Fußball bildete dabei immer das tragende Fundament. Nur ein Beispiel: Am 17. Oktober 1987 hatten Fans des Ostberliner Stasi-Clubs Dynamo Berlin gemeinsam mit Neonazis aus Westberlin in der Ostberliner Zionskirche ein Konzert der Westberliner Band Element of Crime überfallen. Helfer der Ostberliner Schläger waren die damals ihrer Brutalität wegen besonders gefürchteten und in Einzelgruppen noch immer aktiven »Hertha-Frösche«, also Hooligans des gerade wieder in die erste Bundesliga aufgestiegenen Westberliner Fußballvereins Hertha BSC. Und das, obwohl damals noch die Mauer stand. Wie die »Hertha-Frösche« seinerzeit unerkannt nach Ostberlin und wieder zurück nach Westberlin gekommen sind, bleibt bis heute unklar.

Mit Sieg-Heil-Rufen und unter dem stetigen Gebrüll »Juden raus aus deutschen Kirchen« sorgten an jenem 17. Oktober 1987 Ost- und Westberliner Fußballfans gemeinsam für einen ebenso denkwürdigen wie überaus blutigen Abend. Stasi und Volkspolizei verhielten sich während dieses Überfalls geradezu auffallend passiv und trödelten erst am Ende der Prügelorgie in der Zionskirche ein. In den Prozessen danach wurden die Ostberliner Angeklagten dann lediglich wegen »Rowdytums« verurteilt. Von politischer Motivation wurde zu keiner Zeit gesprochen und selbstredend auch nicht von Fußball, obwohl es ja offenkundig Fußball-Hooligans gewesen waren, die diesen Überfall ausgeführt hatten. Überhaupt nicht angeklagt wurde damals überraschenderweise Jens Uwe Vogt, eine der führenden Figuren der überaus regen DDR-Naziszene und in den 1980er Jahren nachweislich der uneingeschränkte Kopf der Dynamo-Hooligans aus Ostberlin. Obwohl auch er am Überfall auf die Konzertbesucher in der Zionskirche beteiligt gewesen war, womöglich sogar als Rädelsführer. Aber Vogt wurde trotz stichhaltiger Zeugenaussagen weder angeklagt noch festgenommen; überdies reiste er 1988 nach Westberlin aus, wo er sich der neonazistischen »Nationalen Front« anschloss. Geschah das alles im Auftrag des Ministeriums für Staatssicherheit? Dass er bereits 1982 Spitzeldienste für die Stasi geleistet haben soll, wurde nie widerlegt. Auch nicht, dass die Stasi von vornherein – von wem wohl? – über den Überfall am 17. Oktober 1987 in der Zionskirche unterrichtet worden war und sich wohl auch deshalb recht passiv verhalten hatte.

Nach der Wende kehrte Vogt in den Osten Berlins zurück. Aber auch während seiner Zeit im Westen hatte er die Verbindungen zu den Hooligans im Osten nie gelöst. Aber zurück zum *Tatort Fankurve*, genauer gesagt ins heutige Westdeutschland, zu den Nazis in den Stadien von Gelsenkirchen, Düsseldorf, Köln, Dortmund. Deren rassistisches Gebrüll sei allenfalls etwas Modisches, das sich bald wieder geben werde, hoffen sie bei der »Gewerkschaft der Polizei«. Eigentlich hanebüchener Unsinn, denn es ist der braune Bodensatz einer Bewegung, die sich längst nicht in einigen wenigen Tausend NPD-Anhängern erschöpft. Es ist auch nichts Modisches oder etwas Vorübergehendes. Wird nichts dagegen unternommen, kann es schnell zu etwas Bleibendem werden. »Diese Leute waren nie weg, diese Stimmung war nie weg«, hält der Sozialwissenschaftler Gerd Dembowski von der Universität Hannover einer – bewusst? – naiven Sichtweise von Politik und Polizei entgegen.

Schon 1977 stand ich mit einem Dortmunder Staatsanwalt am dortigen Borsigplatz, in dessen unmittelbarer Nähe einst der Ballspielverein Borussia Dortmund (BVB) gegründet wurde. Der Fachmann von der Staatsanwaltschaft erklärte mir seinerzeit haarklein, welche Kneipe hier, welche gegenüber und welche in den Nebenstraßen von welcher rechten Gruppierung gerade als aktuelles »Amtslokal« frequentiert wurde. Der Mann kannte sich aus, denn er war schon damals über die rechte Fanszene dieser Fußballstadt und deren weitreichende westeuropäische Kontakte informiert gewesen. Insbesondere über deren Verbindungen in die Nachbarländer Belgien, Frankreich, Holland, bis hinüber nach Großbritannien. Schon seinerzeit wusste er, was nach all den Jahrzehnten bis heute gilt: »In die Fankurven kommt kaum ein Fremder rein, denn Fußball ist für diese Leute Familienersatz. Und gegen jede Kritik an der Familie schottet man sich ja bekanntlich automatisch ab. Die wittern geradezu, wenn da einer nicht reinpasst. Doch dass mal einer etwas rechts ist, macht denen nichts aus, er ist ja schließlich Fan! Und um Politik geht es ja auf dem Fußballplatz nicht.« Ging es aber immer, 1977 ebenso wie 2013 – nur haben das die meisten Fans – in der Vergangenheit ebenso wie in der Gegenwart – wohl nicht bemerkt. Deshalb hat dieses Thema auch den gesamten europäischen Spitzenfußball zu keiner Zeit verlassen. Nicht bei Lazio Rom, der jungen Nazis in den Fangruppen noch heute erlaubt, ungestört den ehemaligen Diktator Benito Mussolini verherrlichen zu dürfen; und nicht bei Feyenoord Rotterdam, zu dessen Fankodex antisemitische Gesänge scheinbar regulär dazugehören. Auch der »Nationale Widerstand Dortmund« oder die Aachener Nazigruppierungen mit wechselnden Namen haben deshalb nie aufgehört zu bestehen. Sie hießen eben nur manchmal etwas anders oder gingen schon mal in Deckung, wenn es für sie allzu gefährlich wurde.

So haben sich in Deutschland schon Mitte der 1980er Jahre Fangruppen, besonders die der fanatischen Ultras, nach italienischem Vorbild gebildet. Zugleich haben sie von den Italienern übernommen, was im Fußballland Italien schon zur damaligen Zeit Usus war: sie entpuppten sich schnell als bekennende Faschisten. Und das ausgerechnet in einer Zeit, in der mit den beiden sozialdemokratischen Bundeskanzlern Willy Brandt und Helmut Schmidt andere gesellschaftliche Ideen als nur rechtskonservative ihre Anhänger fanden. Aber die Neonazis kämpften gerade damals mal wieder um ihre Existenz. Dass sich dafür der Sport ganz besonders eignen würde, hatte ihnen die Geschichte, von den alten Cäsaren bis Adolf Hitler, deutlich aufgezeigt. Auf beiden Seiten der Alpen, in Italien ebenso wie in Deutschland. Zudem spielte die Musik dabei – auch in Deutschland – für die verschiedenen Fangruppen eine sehr große Rolle. Wie zum Beispiel die Musik der Bremer Band Kategorie C – Hungrige Wölfe. Bei dem Begriff »Kategorie C« handelt es sich um die offizielle Polizeibezeichnung für Fußballfans, die Gewalt suchen. In einer Verbotsverfügung für ein Konzert dieser Gruppe in Bremen hieß es 2011, es gehe dabei um eine Band, »die Gewalt zwischen Fans und der Polizei verherrlicht sowie Fremdenfeindlichkeit propagiert. Der Auftritt dient der Verbreitung von rassistischem und nationalsozialistischem Gedankengut und dessen Verherrlichung.«

Trotz solcher Erkenntnisse finden im Zusammenhang mit Fußballspielen, zum Beispiel vor den großen Stadien, immer wieder Konzerte von Kategorie C – Hungrige Wölfe statt. Erst am 19. März 2013 warb die Gruppe im Internet für »acht neue Lieder! 100% Deutschlandrock halt!!!«. Darunter stand die neueste Kampfansage: »Einige werden sich umgucken in diesem Lande.« Wie schon im Februar 2012 der israelische Nationalspieler Itay Shechter, als er beim sonntäglichen Training seines deutschen Vereins, des 1. FC Kaiserslautern, von zehn angeblich ehemaligen Hooligans als »Drecksjude« beschimpft wurde. Weil ihm das alles im Jahre 2012 in Deutschland zu viel wurde, ließ er sich aus »Sicherheitsgründen« (so die interne Vereinsmitteilung) am 15. August 2012 nach Wales an den englischen Premier-League-Club Swansea City ausleihen. Übertrieben? Wohl kaum.

Schließlich ist das Stadion ein Spiegelbild der jeweiligen Gesellschaft. Dass gegnerische Mannschaften, ob in der dritten, zweiten oder ersten Liga, hierzulande als »Juden« verhöhnt werden, ist leider seit vielen Jahren schon Usus. Aber auch deren Anhängerschaft wird häufig als »Zecken«, »Homos« oder »Juden« beschimpft. Ob beim FC Erzgebirge Aue oder beim als besonders liberal geltenden FC Union Berlin. Immer wieder enden solche rassistischen Beleidigungen in schweren tätlichen Übergriffen. So wurde im August 2012 der Berliner Rabbi Daniel Alter von Unbekannten zusammengeschlagen und schwer verletzt. Bundeskanzlerin Angela Merkel bedauerte im Anschluss an einen Besuch beim Zentralrat der Juden, es gäbe hierzulande ein großes Maß an Antisemitismus. Wie richtig sie damit lag, hatten kurz zuvor Untersuchungen der Universität Bielefeld ergeben: 15 bis 20 Prozent aller Deutschen halten an latent antisemitischen Haltungen fest; 8 bis 10 Prozent aller Deutschen äußern sich sogar offen antisemitisch und halten Juden – ohne Einschränkungen – für die schlechteren Menschen. Warum sollte es also einem jüdischen Fußballspieler in Kaiserslautern anders ergehen, als es ihm ergangen ist? Kaum denkbar, folgt man dem, was die Bielefelder Wissenschaftler in einer großen Studie erarbeitet haben. Sie verglichen antisemitische Haltungen in acht europäischen Ländern miteinander. Die Deutschen, förderten die Wissenschaftler dabei zutage, verhalten sich demnach antisemitischer als Briten, Franzosen, Italiener und Niederländer. Überholt werden die deutschen Antisemiten des Jahres 2012 in Europa nur von den Polen, Ungarn und Portugiesen. Dort hält man, so die Bielefelder Studie, von den Juden noch weniger als in Deutschland. Ob es aber wirklich eine besonders gute Idee von Itay Shechter gewesen ist, nach Wales zu gehen? Denn der europäische Fußball, auch der skandinavische, ist per se nicht frei von Antisemitismus. Was sich ganz besonders deutlich bei jenen europäischen Wettbewerben zeigt, an denen der 1924 gegründete israelische Traditionsclub Hapoel Haifa beteiligt gewesen ist. Wo auch immer Haifa in Europa aufspielte, ertönte auf den Zuschauerrängen ein Zischen, das an ausströmendes Gas erinnern sollte. Damit wollte man der Mannschaft aus Israel und deren Fans anscheinend deutlich machen: Euch hat man in den Konzentrationslagern des Dritten Reichs vergessen zu vergasen.

Ideen, Gesten und Gesänge, die vor allem in der ehemaligen DDR auf fruchtbaren Boden fielen. Schließlich hatte die DDR den Staat Israel zu keiner Zeit anerkannt, weil sie sich als antifaschistisches Bollwerk darstellte, und nicht als Nachfolgerstaat des Dritten Reichs empfand. Für dessen Gräueltaten sei sie nicht zur Verantwortung zu ziehen und auch nicht zur Wiedergutmachung aufzufordern. So kam es denn in den 1980er Jahren innerhalb der DDR sogar zur Bildung faschistischer Gruppierungen: zum Beispiel zur »Wehrsportgruppe Bitterfeld« oder in Ostberlin zur »Lichtenberger Front« und zur »Bewegung 30. Januar«. In Wolgast, unweit Hitlers Raketenwerkstatt Peenemünde auf der Ostseeinsel Usedom, konnte sich sogar unter den Augen und Ohren der Stasi eine »SS-Division Walter Krüger« gründen. Unter dem Deckmantel der antiimperialistischen Solidarität mit dem palästinensischen Volk ließen sich geschickt antijüdische Vorurteile aus der Nazizeit schüren. Viele dieser Gruppierungen, in denen sich auch Lehrer und Beamte sammelten, hielten direkten Kontakt zu den Fußballfans der DDR-Oberliga und sogar zu rechtsradikalen Gruppen in der 1. und 2. Bundesliga im Westen. Dabei war die Staatssicherheit – via eingeschleuster V-Leute – schon früh über die Pläne und Umtriebe radikaler Fangruppen umfassend informiert worden. So berichtete zum Beispiel die zuständige »Hauptgruppe XX« der Stasi schon im Mai 1984 von »rowdyhaften Ausschreitungen« Berliner Dynamo-Fans gegenüber Kubanern, bei welchen in der Reichsbahn »Juden raus!«, »Kanaken raus!« und »Deutschland den Deutschen!« gerufen wurde.

So mancher Rädelsführer des »negativ-dekadenten Fußballanhanges« (so eine Stasi-Aktennotiz von 1987) wurde zwar – nach einem Politbüro-Beschluss vom 2. Februar 1988 – hin und wieder verhaftet; nicht selten trafen sie in den Gefängnissen auf seit Jahren inhaftierte Altnazis, die sie darin bestärkten, nicht nachzugeben und weiterhin ungebeugt der »rechten Sache« zu dienen. Was denn auch geschah: Sammelten sich die ostdeutschen

Rechten zunächst beim BFC Dynamo in Ostberlin, so gab es bald in nahezu jedem Oberligastadion die Möglichkeit, mit Hunderten von Gesinnungsgenossen in einem Block zu stehen – besonders bei den Vereinen mit großem rechtsradikalen Anhang, wie FC Hansa Rostock, 1. FC Union Berlin oder Chemie Leipzig.

Flüchtige Modeerscheinungen sind die schrecklichen Zustände in und um den deutschen Fußball auf keinen Fall. Alles hat seine Ursache und vieles seine eigene Geschichte. Nur eine harmlose Verirrung des Zeitgeistes war es demnach auch nicht, was sich Mitte Februar 2013 in der ukrainischen Stadt Donezk beim Champions-League-Auswärtsspiel des deutschen Ex-Meisters Borussia Dortmund abgespielt hat: Auf den Toiletten der dortigen Donbass-Arena wurden Jens Volke und Thilo Danielsmeyer, die engagierten Vordenker des »Fan-Projekt Dortmund«, während des Spiels von mitgereisten rechtsextremen Vereinsanhängern brutal unter dem immer wiederkehrenden Ruf »Dortmund bleibt rechts« zusammengeschlagen. Die beiden erzählten, sie hätten minutenlang in Todesangst gelebt.

Alles halb so schlimm, behaupten Politiker und manche Polizisten. Claudia Luzar hingegen, die wissenschaftliche Leiterin der Beratungsstelle für Opfer rechter Gewalt (»Back Up«), weist indes schon seit dem Jahr 2006 auf das rechtsradikale Umfeld im Fußball hin. Ihrer Einschätzung nach stehen bei den Dortmunder Heimspielen regelmäßig einhundert Nazis auf der Tribüne. Der in Donezk zusammengeschlagene Fanbeauftragte Danielsmeyer ergänzt: »Viele von ihnen kommen mit einer Dauerkarte hierher, die aber auf eine andere Person läuft.« Allerdings gehe es ja nicht nur um Dortmund. Auch bei vielen rechtsextremen Angriffen andernorts, so Claudia Luzar, sind die Täter aktive Fußballanhänger. Sie fand heraus: »Immer wieder schlagen dabei jene Neonazis zu, die sich auch in Ultra-Gruppen oder Fanclubs verschiedener regionaler Fußballvereine organisieren.« Die Opfer sind meist Migranten oder linksalternative Jugendliche. Mitunter auch aus dem Umfeld derer, die sich für Fußball interessieren. Luzar: »Diese Angriffe finden in der Regel weit außerhalb der Stadien statt und werden deshalb weder von der Polizei noch von den Vereinen in einen Zusammenhang mit Fußball gebracht.« Obwohl das schlichtweg Augenwischerei ist. Und wie sieht es mit den Clubs tief im Westen aus, im Rheinland und im Ruhrgebiet? Zum Beispiel mit dem Traditionsverein Westfalia Herne? Luzar: »Wir stellen fest, dass sich gerade in der reichen Fankultur von Nordrhein-Westfalen gewalttätige Rechtsextremisten in einzelnen Fangruppen in den vergangenen Jahren eingenistet haben.« Man helfe sich dort von Verein zu Verein, von Stadt zu Stadt, seit Jahren.

Mitglieder der rechten »Borussenfront«, die daheim Stadionverbot erhalten haben, treiben dann gewissermaßen nebenan etwa beim DSC Wanne-Eickel in der Westfalenliga 2 ihr faschistisches Unwesen. Kein Wunder, wenn der DSC auf seiner Webseite mutig schreibt: »Nein!!! zu Fremdenhass.« Aber hilft das wirklich? Übersehen kann man ohnehin nicht, wenn bei den Auswärtsspielen von Wanne-Eickel in Limburg oder Marienborn ein gutes Dutzend martialisch gekleideter Zuschauer ein riesiges Transparent mit der Aufschrift entrollen: »Borussenfront – Die Legende lebt«.

Dagegen helfen auch keine Hinweise auf einer Vereins-Webseite. Wieder einmal scheint der Fußball dazu prädestiniert, die Verbreitung von Ideologien zu fördern. Im Gegensatz zu den Kirchen, den Gewerkschaften und den Parteien verzeichneten schließlich besonders die Sportvereine in den letzten Jahren steigende Mitgliederzahlen. Der Oberhausener Rechtsanwalt Marco Blumberg, der zugleich als ehrenamtlicher Leiter der Fan- und Förderabteilung des Fußball-Bundesligaclubs BVB Dortmund arbeitet, weiß aus eigener Erfahrung: »Die Rechtsextremen wollen den Fußball als Werbefläche nutzen.« Notfalls mit Gewalt, zumindest mittels massiver Einschüchterung. So darf als Beleg für den rechtsextremen Vormarsch durchaus gewertet werden, dass sich in Düsseldorf im Herbst 2012 eine linksalternative Fangruppe aus dem Stadion zurückgezogen hat. Die Einschüchterungen durch gewalttätige Nazis hatten ihre Wirkung nicht verfehlt. Und sie werden – das steht zu befürchten – auch andernorts ihre Wirkung erzielen.

»Obi« wird also weiterhin angstvoll in seinem Stammlokal in der Düsseldorfer Altstadt sitzen und Abend für Abend die Szene beobachten – denn Entwarnung ist weit und breit nicht in Sicht.

Ganz im Gegenteil. Am 27. März 2013 hat Alemannia Aachen für seine Heimspiele in der dritten Liga 107 Stadionverbote ausgesprochen. Die Verbote galten den Insassen zweier Busse, die vor dem Spiel bei Preußen Münster am 16. März 2013 kontrolliert worden waren. Bei den Personen wurden Gegenstände gefunden, »deren Verwendung für Verstöße gegen das Sprengstoffgesetz geeignet waren«. Außerdem stellte der Verein wegen der Verteilung volksverhetzender Schriften vor dem Heimspiel gegen den SV Babelsberg bei der Staatsanwaltschaft Aachen Strafanzeige. Heutzutage eine Routinesache.

Interview mit Barbara John

»Das Recherchierte scheint mir außerordentlich bedeutsam«

Barbara John wurde 2012 als Ombudsfrau für die Hinterbliebenen der NSU-Morde berufen. Mit der 75-jährigen Honorarprofessorin der Berliner Humboldt-Universität sprach ich über die möglichen Verbindungen zwischen rechtsradikalen Hooligans und NSU-Terroristen.

Frau John, im Zuge meiner Recherchen verstärkte sich von Mal zu Mal der Eindruck, ich würde mich mit jedem Schritt geradezu unaufhaltsam auf den Nationalsozialistischen Untergrund (NSU) zu bewegen. Ist hiesigen Politikern die fatale Nähe der Rechtsradikalen im Fußball zum NSU eigentlich bewusst?

In den Untersuchungsausschüssen wurde diese Seite des Fußballs, besonders in Thüringen und Bayern, zwar immer mal wieder thematisiert, aber nicht in dem Maße, dass es als sehr bedeutsam erschien.

Ferner stieß ich auf Hinweise möglicher Unterschlupfwinkel von NSU-Terroristen und deren Helfern. Vor allem im Dortmunder, im Mannheim-Ludwigshafener und im

Braunschweiger Raum. Das behaupteten jedenfalls rechtsradikale Fußball-Hooligans. Ob sie damit nur prahlen wollten oder …

Das ist ja eine Bombe! Auch dann noch, wenn sich diese Recherchen nur zu fünfundzwanzig Prozent erhärten lassen. Ich falle ja fast vom Stuhl bei diesem Gedanken! Denn besonders im Falle Dortmund und damit in Verbindung mit dem NSU-Mord am 4. April 2006 an Mehmed Kubasik scheint mir das Recherchierte doch außerordentlich bedeutsam.

Zumal sich den untersuchenden Polizeibeamten nach der damalige Tatort, also Mehmed Kubasiks Kiosk, in der Nähe eines ehemaligen Treffpunktes Dortmunder Neonazis befunden hatte. Wurde abgesehen davon in den Untersuchungsausschüssen jemals die Nähe deutscher Fußballradikaler zu jenen in Frankreich, in den Niederlanden und in England thematisiert?

Das nicht, aber mir ist die Nähe englischer Hooligans zur politischen rechtsradikalen Szene in Großbritannien nicht verborgen geblieben.

KAPITEL 2

Ein Vierteljahrhundert Naziunterwanderung

»Kameraden, lasst uns verstärkt die Fußballfans für uns gewinnen«

Fragen Sie doch mal Ihren Nachbarn, ob er in unserem ach so sicheren Lande eine gefährliche Beeinflussung durch Rechtsextreme befürchten würde. Wetten, dass er Sie ganz und gar verwundert anschauen wird, um Ihnen dann in etwa zu antworten: »Die wenigen in die Irre geleiteten, die hin und wieder schwarz gekleidet durch unsere Straßen marschieren, machen nun wirklich niemandem Angst. Außerdem: die NPD ist schließlich längst zu einer winzigen Splitterpartei geschrumpft – das zeigen doch alle paar Monate irgendwo irgendwelche Wahlen.« Wenn Sie dann argumentieren: Und was ist mit den vielen sogenannten Politikverdrossenen, die zu keiner Wahl mehr gehen? Erst recht nicht, wenn es um lokale Entscheidungen in der Gemeinde geht? Könnten unter diesen Nichtwählern nicht auch einige Neonazis sein? Das wäre nur einer von einer ganzen Reihe möglicher Einwände …

Wie es wirklich in der rechten Szene aussieht, erfährt nur derjenige – und auch dieser allenfalls nur ansatzweise –, der sich direkt in die Szene hineinwagt, sie über Monate, wenn nicht gar über Jahre hinweg genau beobachtet und seine Erfahrungen notiert. Das geschieht nur selten, denn es bleiben weiterhin nur sehr wenige, die so etwas wagen. Zu ihnen gehört ein erst 16-jähriger Gymnasiast, der sich der Einfachheit und Sicherheit halber »Paul« nennt und bei Facebook mutig die Seite »BVB Fans gegen Nazis« betreibt. Dort erzählt der junge Dortmunder Fußballfan, was er in der rechten Szene alles erlebt hat. Unter anderem folgende Episode: »Es geschah beim Derby, das Spiel aller Spiele zwischen Dortmund und Schalke. Marco B. möchte auf die Toilette gehen, seine Freunde bleiben im Gästeblock. So weit, so normal. Doch was sich nach B.s Angaben dann abspielt, ist ein Beispiel von roher Gewalt und totaler Willkür. Beim Verlassen der Gästetoilette wird er von einem Mann angerempelt, und als er sich umdrehen will, kriegt er den ersten Schlag ab. Weitere Personen kommen hinzu und treten auf ihn ein. Das Ergebnis sind drei gebrochene Rippen, eine Gehirnerschütterung und diverse Hämatome.«

Die Schilderungen sind sicherlich fürchterlich und brutal, aber keinesfalls ungewöhnlich, sondern eine heutzutage leider ganz und gar übliche Szene unter Zuschauern, geschehen im Jahre 2012 in einem deutschen Fußballstadion. Etwas, das ebenso gut in Hamburg, Köln oder Nürnberg hätte passieren können. Darüber hinaus hat der 16-jährige Gymnasiast nicht nur beobachtet, er hat auch recherchiert und ist dabei zu folgendem überraschenden Ergebnis gelangt: »Die Schläger sind keine Fans, es sind Ordner des BVB. Einer von ihnen, Sascha N., ist einschlägig vorbestraft und der ›Northside‹ zugehörig.« Die Dortmunder Fangruppierung »Northside« ist so etwas wie die Jugendsektion der berüchtigten, schon seit Jahrzehnten traditionell offen faschistoiden »Borussenfront«. Wenn sich die »Northside« mit gegnerischen Hooligans prügelt – nach vorherigem harten Kampfsporttraining, versteht sich –, dann selten ohne Hitlergruß. Danach wird der Gegner üblicherweise lauthals unter »Sieg Heil«-Rufen attackiert. Dass in einer derartigen Gruppierung teilweise sogar Ordner des BVB zu finden sind und sich unter den Ordnern des ursprünglichen und eigentlichen Arbeitervereins BVB Dortmund weitaus mehr Anhänger rechten Gedankenguts befinden, als sich das ein Außenstehender annähernd vorzustellen vermag, auch das hat der sorgfältig beobachtende und genau recherchierende Gymnasiast herausgefunden und danach via Facebook veröffentlicht: »Laut einem anderen Ordner sind mindestens acht Personen Anhänger nazistischer Ideen, ob nun bei der ›Northside‹ oder der sich nicht offen politisch darstellenden Vereinigung ›Desperados‹.« Gerade deshalb gelten die »Desperados« in der rechten Szene auch als »offenes Scheunentor«. Wie viele der Ultra-Gruppe »Desperados« und wie viele der ihnen anhängenden Ordner wurden wohl bereits von den Rechtsradikalen in Dortmund infiziert?

Eine Antwort auf diese Frage hätte man, ob im Landeskriminalamt in Düsseldorf, bei der Polizei in Dortmund oder in den politischen Parteien, längst ermitteln können. Denn das alles geschieht seit Jahren nicht ohne strategische Denkansätze. Der 1991 in Kassel verstorbene Bonner Neonazi-Vordenker Michael Kühnen hatte schon in den 1980er Jahren ein Strategiepapier in rechtsradikalen Kreisen veröffentlicht, das leider – wenig überraschend – von niemandem in der deutschen Fußballszene ernst genommen wurde, denn selbst Polizei und Justiz hatten das Dokument weitgehend bagatellisiert. Fußball und Rechtsradikalismus – das schließe sich doch gegenseitig aus, hörte ich schon vor dreißig Jahren bei meinen Recherchen. All jene, die entsprechend nachforschten, wurden stets belehrt, Fußballfans seien an Fußball und nicht an Politik interessiert. Punktum. Die Gegenwart belehrt uns allerdings eines Besseren.

Hätte man doch das Kühnen-Papier beizeiten gelesen und ernst genommen – heute gilt es gewissermaßen als Vermächtnis der rechten Szene. Deshalb sei hier noch einmal daraus zitiert: »Kameraden, lasst uns verstärkt die Fußballfans für uns gewinnen, um sie als gewalttätiges Potential für uns einsetzen zu können. Mitglieder verschiedener gewalttätiger Neonazigruppierungen wurden und werden vor allem in die jeweiligen führenden Fanclubs eingeschleust. Von dort aus versuchen sie dann, im Stadion noch mehr Fuß zu fassen. Dabei bedienen sich die Neonazis auch der Skinheads, sind größtenteils mit ihnen identisch.«

Das klappte allerdings vor über zwanzig Jahren nicht so, wie Michael Kühnen es sich erträumt hatte. Ihm und seinen Anhängern ging es nicht darum, die Fankurven in ein auffälliges Aufmarschterritorium mit eindrucksvollem äußeren Erscheinungsbild zu verwandeln; Kühnen versuchte vielmehr, den Boden für den heutigen NSU, den Nationalsozialistischen Untergrund, mit nachhaltigen Unterwanderungsversuchen aufzubereiten. Das gelang zunächst teilweise bei Borussia Dortmund, beim Hamburger SV, bei Hertha BSC und bei Arminia Bielefeld. Und dort zu Beginn nur bei einer breiten bürgerlichen Anhängerschaft sowie unter konservativen Studenten – was damals nur wenige Außenstehende aufhorchen ließ und verblüffte.

Würde Kühnen heute noch leben, er könnte wohl kaum glauben, was sich allein in der deutschen Fußballsaison 2012/13 ereignet hat. Die, nennen wir sie der Einfachheit halber mal, Nationalen Aktionsbündnisse oder wie auch immer sich derartige Vereinigungen gerade nennen mögen, sind bei Drucklegung dieses Buches überall dort angekommen, wo sie schon zu Lebzeiten Michael Kühnens ankommen sollten: in der 1. Fußball-Bundesliga, obendrein auch in der Spitzengruppe der 2. Liga, ganz zu schweigen von den unteren Klassen und vom Jugendfußball, wo die Rechten teilweise sogar schon das Sagen haben und von den Fußballverbänden der verschiedenen Bundesländer stillschweigend geduldet werden (siehe auch Kapitel 7).

So wenig wie sich im April 2013 die Bundesregierung zur Existenz eines rechtsnationalen Netzwerkes in deutschen Justizanstalten äußern wollte, so wenig äußern sich Landesregierung und Polizeibeamte in Nordrhein-Westfalen zu den jahrelangen Kontakten der rechten Dortmunder Fußballszene zum Zwickauer Nationalsozialistischen Untergrund (NSU). Besonders Uwe Mundlos, sagen die Borussen-Freunde des Dortmunder Obernazis »SS-Siggi« Borchardt, sei des Öfteren in Dortmund auf- und auch schon mal abgetaucht. Zumal lange bevor er sich am 4. November 2011 in Eisenach selbst hingerichtet hat. Nur gemerkt habe es angeblich niemand. Auch nicht die eingeschleusten V-Leute. Geschah das aus taktischen Gründen oder weil man auf dem rechten Auge blind ist?

Vor diesem Hintergrund sage also bitte niemand, es gäbe keine Zusammenhänge zwischen Fußball und Terrorismus oder behaupte, die rechte Szene habe sich nicht folgerichtig und erfolgreich entwickelt: 1991 verstarb der aidskranke Michael Kühnen in Kassel; neun Jahre darauf gab es in den NPD-nahen »Kameradschaften« auf einmal ein »Strategiepapier«, das sich wie eine Fortführung der Ideen Kühnens liest. Demnach galten folgende Fußballvereine als ganz besonders »unterwanderungsmöglich«: der Bremer SV, Kickers Emden, VfB Oldenburg, FC Bremerhaven, Lok Leipzig, FSV Zwickau, VfL Halle 96 – ein Verein mit jüdischen Wurzeln –, Tennis Borussia Berlin, Wormatia Worms, Preußen Münster, Waldhof Mannheim – einst Sepp Herbergers fußballerische Heimat –, der SV Darmstadt 98, SSV Ulm und die traditionsbewussten Stuttgarter Kickers. Als ich vor fünf Jahren mit Wolfgang Niersbach, dem damaligen Generalsekretär und jetzigen Präsidenten des Deutschen Fußball-Bundes (DFB), über dieses Papier sprechen wollte, wurde ich an einen »Fanbeauftragten« des Verbandes verwiesen. Der vermochte mit meinen Fragen allerdings nichts anzufangen.

Inzwischen hat sich der Fußball wider Erwarten zu *der* Bühne für Neonazis entwickelt – mittlerweile sogar amtlich bestätigt. So zeigten Erhebungen der Zentralen Informationsstelle Sporteinsätze (ZIS) in Düsseldorf im Frühjahr 2013, dass es bei mindestens 16 Clubs in den drei deutschen Profiligen Überschneidungen zwischen gewaltbereiten Fans und der rechten Neonaziszene gibt. Ganz besonders intensiv seien diese Verbindungen bei Borussia Dortmund (1. Liga), Rot-Weiß Oberhausen (Regionalliga West), Borussia Mönchengladbach (1. Liga), MSV Duisburg (3. Liga), Fortuna Düsseldorf (2. Liga) und Alemannia Aachen (3. Liga) beobachtet worden.

Aber auch Eintracht Braunschweig ist in Sachen Neonaziunterwanderung spätestens seit Oktober 2012 aktenkundig geworden – ausgerechnet die Eintracht aus Braunschweig, seinerzeit Vorkämpfer für die Trikotwerbung im deutschen Fußball. Das war im Jahr 1973, als man unter lautstarkem Protest mit einem Werbelogo des Magenbitterherstellers Jägermeister auflief. Seit 1985 jedoch ging es nur noch bergab, vor allem sportlich. In der Saison 2012/13 kämpfte der Traditionsverein gemeinsam mit Hertha BSC Berlin endlich erfolgreich um den Wiederaufstieg in die 1. Bundesliga. Sportlich und auch wirtschaftlich lief es in Braunschweig nun wieder bestens. Seit etwa drei Jahren sah sich der engagierte Club nun mit einem Problem ganz anderer Art konfrontiert: den niedersächsischen Neonazis. Der Deutsche Fußball-Bund (DFB) registrierte es mit Missbehagen, trotz allem spielten die Funktionäre der Eintracht die ihnen – zumindest seit dem 28. August 2011 – bekannte Tatsache nach altem, und wie sie wohl meinten, bewährten Muster herunter: Nichts hören, nichts sehen, ergo auch nichts wissen – stattdessen immer wieder beschwichtigende Worte. Dabei waren die Probleme in der kleinen niedersächsischen Stadt schon lange bekannt. Am 28. August 2011 hatte die bei den Eintracht-Führungskräften gar nicht beliebte alternative Broschüre »Rechtsextremismus in der Braunschweiger Fanszene« den folgenden Kurzbericht veröffentlicht: »Im Anschluss an die Partie Eintracht Braunschweig gegen den FC St. Pauli werden acht antifaschistische Eintracht-Fans und Ultras (gemeint sind damit Fangruppen-Mitglieder; Anm. des Autors) beim Verlassen des Stadiongeländes angegriffen. Diese (die Angreifer; Anm. des Autors) drohen ihnen mit: ›Verpisst euch, ihr Zecken‹ und beschimpfen sie mit: ›Ihr Juden!‹« In dieser jedermann zugänglichen, aber, wie schon betont, in Eintracht-Führungskreisen höchst unbeliebten Broschüre heißt es weiter, dass Ordner und Fans im Braunschweiger Stadion Kleidung der bei Rechtsradikalen beliebten Marke »Thor Steinar« tragen würden. Diese Marke ist in vielen deutschen Stadien längst untersagt, selbstredend auch in Braunschweig. So etwas wissen sie natürlich im Management und auch im Präsidium von Eintracht Braunschweig, aber dennoch wird es gebilligt. Dass die angeblich so unpolitische Fanszene in Braunschweig bereits seit längerem gemäß der nur scheinbar antiquierten Michael-Kühnen-Strategie unterwandert worden ist, wollen sie schließlich auch nicht wahrhaben. Auch den Hinweis nicht, wolle man hierzulande einen gesuchten Rechtsradikalen vor Polizei und Justiz verstecken, so sei nach Ansicht einschlägiger niedersächsischer Kreise wohl derzeit Braunschweig am besten geeignet. Sind mit solchen Hinweisen womöglich auch Mitglieder des NSU, des Nationalsozialistischen Untergrunds, gemeint? Als *Spiegel Online* am 12. Oktober 2012 zu den sonderbaren Umständen und den in der Tat besorgniserregenden Auftritten bei der Braunschweiger Eintracht einen gewissen Thilo Götz befragte, den allseits respektierten Vorsänger der Fans in der dortigen Südkurve, antwortete dieser brav und bieder: »Solange diese Leute niemandem etwas tun, dann ist das doch okay.« Genau das haben die Leute 1932 auch gesagt.

Am Vorabend zum Nikolaustag 2011 sagte Corny Littmann, ehemals Präsident des Szeneclubs FC St. Pauli, in einem Interview mit *Zeit Online*: »Keiner hat damit ernsthaft gerechnet, dass Rechtsradikale organisiert und gezielt morden … Ich glaube allerdings nicht, dass die Staatsorgane all die Jahre davon nicht wussten oder ahnten. … Jede andere rechtsradikale Aktivität und Gruppierung, etwa Kamerad- und Burschenschaften, muss man im Auge behalten. Zufällig gerät da keiner rein.« Direkt auf die Gefahr von rechts im Fußball angesprochen, bestätigte Fußballfachmann Littmann: »Ich kann keine Zahl nennen, aber die Gefahr ist reell! Es hat in den vergangenen Jahren Unterwanderungsversuche gegeben – im Profifußball, aber noch mehr bei den Amateuren. Rechte wollen in Fankurven Fuß fassen. Bei vielen Verantwortlichen spürt man Ohnmacht. Sie sind gegen rechts, wissen aber nicht, was man tun soll.« Littmann warnte deshalb: »Mit dumpfen Naziparolen erreicht man nur eine Minderheit. Wenn der rechte Populist aber in modernem Gewande auftritt, wie etwa in Frankreich oder Italien, hat er große Aussicht auf Erfolg. Ich habe es in Hamburg vor meiner Tür erlebt. Ronald Schill hat mit seinen Law-and-Order-Parolen fast zwanzig Prozent der Wähler erreicht.«

Littmans Erfahrungen mit Ronald Schill im Jahre 2001 und die daraus resultierenden Warnungen sollten weder in den alten noch in den neuen Bundesländern ignoriert werden. Wer glaubt, der Kern der rechten und vor allem der rechtsradikalen Fußballfans sei vorwiegend in den ostdeutschen Bundesländern auszumachen, täuscht sich gewaltig. Ferner irren diejenigen, welche in erster Linie die hiesigen Sportschützenvereine als »Brutstätte für Rechtsradikale« betrachten möchten – sehr zum Ärger des Deutschen Schützenbundes. Weil dem nicht so ist, sah sich Sachsens Innenminister Markus Ulbig am 15. September 2012 genötigt, vor jenen Rechtsextremen zu warnen, die in seinem Bundesland den Fußball als Bühne missbrauchen würden. Im Herbst 2012 waren nämlich die Fangruppen der beiden sächsischen Vereine Chemnitzer FC (3. Liga) und Lok Leipzig (Regionalliga) ins Visier des Verfassungsschutzes geraten. Es geht dabei, und zwar nicht erst seit 2012, sondern schon seit geraumer Zeit, um die Leipziger Hooligan-Gruppierungen »Blue Caps LE« und »Szenario Lok« sowie um die Chemnitzer Ultra-Gruppen »New Society/NS-Boys« und »Hoonara«. Dass es besonders in Leipzig unter den »Fans« mitunter extrem brutal zugeht, weiß man freilich beim Deutschen Fußball-Bund (DFB) schon seit den frühen 1990er Jahren. Mehr als diese Tatsache zur Kenntnis zu nehmen, ist in Frankfurt jedoch bisher nicht geschehen. In einer aufschlussreichen Broschüre des Landesamts für Verfassungsschutz mit dem Titel »Jugend im Fokus von Rechtsextremisten« aus dem Jahre 2010 gibt ein wichtiger Abschnitt genauere Auskunft über die »Blue Caps LE«: Hier wird die Leipziger Fangruppe sogar mit einer »rechtsextremistischen Kameradschaft« verglichen, da sie versuche, unter den unpolitischen Fußballanhängern »gezielt neue Sympathisanten und Mitglieder zu rekrutieren«. Erfolgreich, nach Ansicht der sächsischen rechtsradikalen Szene.

Was sich in Dortmund oder Leipzig ereignet, geschieht nicht ohne Vorbilder aus anderen Ländern. Die italienischen Neofaschisten beispielsweise pflegen enge Kontakte zu ihren deutschen Kameraden. Von den Webseiten deutscher Gruppierungen aus kann man schließlich schon seit über sieben Jahren mühelos zu den italienischen Kameraden verlinkt werden. Das alles hat aber nur vordergründig etwas mit Fußball zu tun. Im Grunde geht es um faschistisches Gedankengut, um den Austausch europäischen Irrglaubens. Der frühere NPD-Vorsitzende Udo Voigt – der 2013 offiziell nur noch als Fraktionsvorsitzender in der Berliner Bezirksversammlung Treptow-Köpenick tätig gewesen sein will – hielt bereits vor sechs Jahren auf Einladung der faschistoiden »Forza Nuova« (»Neue Kraft«)

flammende Reden in Italien. Die »Forza Nuova« ist eine Gruppierung, die seit eh und je intensive Kontakte zu den rechtsradikalen Fußballfans in Verona, Livorno, Mailand und ganz besonders zu denen von Lazio Rom unterhält; mithin zu jenem Verein, in dem auch der allseits beliebte deutsche Nationalspieler Miroslav Klose seit 2011 unter Vertrag steht. Hinter dem gebürtigen Polen Klose stehen in der ewigen Stadt aber nicht nur harmlose Fußballanhänger, sondern auch die Fans der berüchtigten »Irriducibili Lazio«, der größten italienischen Ultra-Gruppierung; eine Organisation, die sich offen zu rassistischen Theorien und faschistischen Meinungen bekennt und seit Jahren mit befreundeten Partnergruppen in Deutschland verlinkt ist. Wogegen sich Miroslav Klose mitnichten wehren kann – aber vielleicht tauschen sich die »Irriducibili Lazio« in Sachen Klose tatsächlich nur über Fußball aus …

So recht glauben mag man es trotz allem nicht. Es muss jeden bestürzt haben, als am 13. April 2013 die erschreckende Nachricht zu hören war, tags zuvor seien die Anhänger von Lazio und AS Rom in einer blutigen Auseinandersetzung mit Messern aufeinander losgegangen. Auf die anrückende Polizei hätten sie Flaschen und Pflastersteine geworfen. Der Korrespondent der angesehenen *Neuen Zürcher Zeitung* notierte hierzu: »Vom Ende der Welt sprachen Augenzeugen. Ungefähr 300 Lazio-Fans hatten sich versammelt. Auf ein Zeichen eines Mannes stülpten sie Skimasken und Schals über ihre Gesichter und rannten geschlossen los, berichtete eine Frau dem römischen Lokalblatt *Messagero*. Tausende fühlten sich als Geiseln des Terrors. ›Wir waren im Bus eingeschlossen, der weder vorwärts noch rückwärts konnte‹, erzählte eine andere Frau … Als Motiv für die Ausschreitungen vermutete der *Messagero* einen Racheakt der Lazio-Fans. Einem von ihnen war beim vorherigen Derby von Roma-Fans eine Fahne entwendet worden.«

Zusätzlich konnte man über Webseiten rechter deutscher Ultras auch hierzulande von den brutalen Einzelheiten eines Überfalls der Lazio-Fans am 23. November 2012 auf Anhänger des Vereins Tottenham Hotspurs aus dem Norden Londons lesen. An besagtem Tag hatten Lazio-Schläger, die selbst den Tod eines gegnerischen Fans in Kauf nahmen, gezielt Tottenham-Anhänger angegriffen. Zuvor hatten radikale Lazio-Ultras »Juden Tottenham, Juden Tottenham« skandiert und ein Banner mit der Aufforderung »Befreit Palästina« enthüllt. Die Tottenham-Anhänger, in deren Club einst auch Jürgen Klinsmann (»Meine schönste Fußballzeit«) gespielt hat, leben für und mit einem Verein, der für seine jüdisch geprägte Geschichte bekannt und in England beliebt ist und respektiert wird. In ihren Sprechchören bezeichnen sie sich deshalb selbst als »Yids«, also Juden.

Vielleicht hatte der verstorbene rechte Fußballstratege Michael Kühnen gerade die Zustände in Italien als vorbildhaft empfunden, als er vor mehr als 25 Jahren erstmals dazu aufrief, die deutschen Stadien in eine einzige Bühne für einheimische Rechtsradikale umzugestalten. Mittlerweile scheint man durchaus auf dem »rechten Weg« zu sein, wenngleich die Italiener den Deutschen noch immer weit voraus sind. Der hiesige Boden ist dafür jedenfalls noch nicht »flächendeckend« bereitet. Die Kameraden in Italien können in dieser Hinsicht ganz anders operieren. *Spiegel Online* kommentierte am 4. Januar 2013: »In Deutschland unvorstellbar, in Italien normal: Zum neuen Jahr werden zigtausende Kalender mit Bildern von Mussolini, dem ›Führer des Faschismus‹, in Büros und Küchen gehängt. Viele halten den ›Duce‹ noch immer für einen Ehrenmann.« Vor allem die »Tifosi« von Lazio Rom bekennen sich offen zu Adolf Hitlers ehemaligem Verbündeten. Eine Gruppierung, die sich 1932 als erster Fanverein in Italien mit hierarchischen Strukturen organisiert hatte. Nirgendwo sonst in Europa haben die »Irriducibili«, welche man je nach Standpunkt als »die Unbeugsamen« oder die »Verbitterten« übersetzen kann, inzwischen die Fankurven so politisiert wie in Italien, und dort ganz speziell in der Hauptstadt Rom. Diese seien im Übrigen auch für die gefürchteten »Hertha-Frösche« in Berlin ein Vorbild, dem es ständig nachzueifern gilt. Ein möglicherweise schwieriges Unterfangen, denn der etwa 8600 Mann starke Kern der gewalttätigen römischen Gruppe gilt als eindeutig faschistisch. Benito Mussolini, der »Duce«, war selbst Mitglied dieses Vereins. Ein Verein, in dem nicht nur bei Heimspielen, sondern auch außerhalb Roms offen faschistische Devotionalien wie Hakenkreuze, aufgemalte germanische Runen und keltische Kreuze geschwungen werden.

Von so viel Präsentation und Einschüchterung der Demokraten träumen die Rechtsradikalen in Deutschland noch – und befinden sich trotz ihrer Träume gewaltig auf dem Vormarsch, betrachtet man die Fußballstadien dieser Republik. Der Westdeutsche Rundfunk (WDR) in Köln hielt dies nach dem ersten Spieltag der Bundesliga-Hinrunde 2012/13 in einer beachtlichen »Bilanz bizarrer Rechtsaktivitäten« fest. Im Stadion von Borussia Dortmund staunten die WDR-Redakteure über ein riesengroßes Banner mit der Aufschrift »Solidarität mit dem NWDO«, dem »Nationalen Widerstand Dortmund« –

eine Vereinigung, die sich ohne Umschweife und jegliche Verschleierung klar zum rechten nazistischen und rassistischen Gedankengut bekennt. Eine Woche zuvor, beim DFB-Pokalspiel, hatten die Dortmunder Ultras bereits Gedenkbanner für einen verstorbenen Neonazi öffentlich enthüllt und 90 Minuten lang alle anderen Besucher damit provoziert. Fans des ehemaligen Zweitligavereins und Traditionsclubs MSV Duisburg wiederum skandierten beim Pokalspiel in Halle an der Saale in Sachsen-Anhalt nicht nur rassistische Parolen, sie reckten obendrein – ungestraft – die rechte Hand zum zackigen Hitlergruß nach oben. Dominik Hoffmeyer, der Fanbeauftragte der 2013 wieder in die zweite Liga abgestiegenen Fortuna Düsseldorf, wusste dem WDR zu berichten, nachdem es in der NRW-Landeshauptstadt jahrelang eine klare linke Dominanz unter den Fortuna-Fans gegeben habe, »zeigen sich auch bei uns die Rechten wieder mehr«. Auch werde in Düsseldorf zunehmend versucht, CDs und Flyer mit rechten Inhalten unter den Fußballfans zu verteilen. Der in die 2. Liga abgestiegene, einstige deutsche Meister 1. FC Köln registrierte unter seinen angeblich unpolitischen rheinischen Fans in der Spielzeit 2012/13 die Gefahr eines Rechtsrucks. Im Jahr 2013 wurden in Köln offen rechte Symbole getragen.

Während die Rechtsradikalen – ganz im Sinne Michael Kühnens – immer mehr Fuß fassen, geraten linke und liberale Fanprojekte und Workshops gegen rechts zunehmend unters rechte Rad. Ob die »Coloniacs« in Köln oder »Kopfball« in Düsseldorf: Beide verschwanden mitsamt ihren Bemühungen hinter der vordergründigen Berichterstattung über Pyrotechnik und Gewalt und den sich daraus ergebenden Forderungen nach drastischen Strafen.

Zumal die Rechten beim Kampf unpolitischer Fans gegen Kommerzialisierung, Repression oder Polizeiwillkür mühelos andocken können. Von den Verbänden und Vereinen fühlen sich die – normalen – Fußballanhänger ohnehin im Stich gelassen oder gar ungerecht behandelt, wie folgendes Beispiel beweist: 2012 erhielten Fans des FSV Mainz 05, die auf dem Weg zum Auswärtsspiel auf eine Gruppe Neonazis getroffen waren und diese in bester Absicht blockiert hatten, vom Deutschen Fußball-Bund (DFB) langjährige Stadionverbote. Auf welcher Seite der DFB eigentlich stehe, fragten sich jene Mainzer Fans. Eine berechtigte Frage und gewissermaßen auch eine Antwort darauf, warum viele ihren Kampf gegen die Rechtsradikalen in deutschen Fußballstadien aufzugeben drohen.

KAPITEL 3

Die neue Jugendkultur

Warum Schiedsrichter Freiwild sind

Eigentlich war ich an jenem 4. Dezember 2012 in den Niederlanden nicht für eine Fußballrecherche unterwegs, sondern wegen einer Eisschnelllaufreportage. Vor Ort in Friesland wollte ich mit den Stars dieser Szene reden. Die Termine dafür standen schon lange fest und es schien obendrein ein schöner Tag zu werden. Die BBC hatte in ihrem Frühstücksfernsehen mit aller vornehmen britischen Zurückhaltung gemeldet, die englische Königsfamilie würde Nachwuchs erwarten. So etwas, glaubte ich, könne ein derart liberales und zugleich royal empfindendes Volk wie die Niederländer sicherlich in Freude versetzen. Gewissermaßen – weil angesteckt – von Nachbar zu Nachbar. Schließlich sind die Engländer seit jeher in Holland wohlgelitten.

Doch als ich vor die Tür trat, sah ich überall nur in bestürzte Gesichter. Aus der neuesten Ausgabe der Tageszeitung *Algemeen Dagblad* erfuhr ich, was am Abend zuvor geschehen war: Der 41 Jahre alte Familienvater Richard Nieuwenhuizen, so las ich, war nach einer Prügelattacke gewalttätiger junger Fußballspieler den Verletzungen erlegen, die er sich während des Angriffs zugezogen hatte.

Nieuwenhuizen war das, was meine niederländischen Freunde einen »Hobby-Grensrechter« nennen, eine Art ehrenamtlicher Linienrichter, so wie Hunderte andere in unserem Nachbarland. Er gehörte zu jenen Helfern, die bei den Jugendspielen ihrer Söhne Abseitsstellungen anzeigen oder dem Schiedsrichter signalisieren, wenn der Ball die Seitenlinie überschritten hat. Auch Nieuwenhuizen half an jenem 3. Dezember 2012, als sein Sohn mit seiner Mannschaft daheim in Almere gegen den SV Nieuw Sloten aus Amsterdam antreten sollte. Rob Mueller, der Clubsekretär aus Almere, erzählte dem *Algemeen Dagblad*, nach dem Match hätten alle Spieler dem Schiedsrichter die Hand geschüttelt, »doch drei Spieler von Nieuw Sloten sind unserem Linienrichter hinterhergelaufen, sie haben ihn zu Boden gestoßen und auf ihn eingetreten«.

Die Szene soll schlimmer gewesen sein, als sie in der Zeitung beschrieben wird. Denn Nieuwenhuizens Peiniger sind schnell und kräftig, sie sind jung und treten immer wieder auf den am Boden Liegenden ein – vor den Augen seines Sohnes. Die Schläger können überwältigt werden und Nieuwenhuizen sich zu Hause vom ersten Schock erholen. Als er sich vom Sofa aufrichten und erklären möchte, was eigentlich geschehen ist, bricht er plötzlich zusammen und erliegt später im Krankenhaus seinen schweren Gehirnverletzungen.

Von meinem Freundeskreis daheim in Hamburg höre ich, dies alles sei zwar schlimm, aber es habe sich nun mal in den Niederlanden zugetragen und nicht in Deutschland – ergo gehe es uns gar nichts an. Hierzulande, wurde ich außerdem von jenen belehrt, die Deutschland gern als Hort der Glückseligkeit preisen, könne so etwas gar nicht passieren, »und wenn, dann nur dort, wo es um richtige

Kohle geht«, behauptet ausgerechnet der selbst sehr wohlhabende Handwerksmeister. Dass er sich irrt, beweisen die zahlreichen Auseinandersetzungen zwischen Spielern und Schiedsrichtern, bei denen es um reinen Freizeitsport und nicht etwa ums Geld geht. Darin sind oftmals gerade nicht die überbezahlten Profis, sondern jene Spieler involviert, deren Ballkunst sich im bescheidenen Rahmen hält. Denen geht es um drei Punkte pro Spiel, um Platz sieben oder auch nur um Rang elf in der Tabelle der zehnten Liga. Zugegeben, es geht auch dort manchmal um Auf- oder Abstieg, aber niemals um Geld, erst recht nicht um fußballerische Karrieren und schon gar nicht um die Existenz irgendeines Vereins. Ich fuhr fort: »Es geht also sogar in Deutschland und im sogenannten Millionengeschäft Fußball bei den meisten nur um Fußball und sonst um gar nichts. Das beliebte Vorurteil, das viele Geld würde die Fußballer verderben und sie deshalb in brutale Schläger verwandeln, ist ganz und gar aus der Luft gegriffen. Es lässt sich durch nichts belegen.«

Zumal ähnliche Vorfälle in der Tat auch in Deutschland passieren, gerade dort, wo ausschließlich aus Lust am Spielen gegen den Ball getreten wird. Insbesondere von jungen Spielern. Warum dann der ganze Ärger auf dem Bolzplatz? In der Freizeit, auf dem Schulhof, dem Fußballplatz, gegen Lehrer oder Schiedsrichter. Offenbar, um gegen Personen zu rebellieren, die für die Einhaltung festgelegter Regeln zuständig sind. Davon kann auch Franz Mühldorfer ein Lied singen. Er ist Schiedsrichter-Obmann beim rührigen TSV Rudow 1888, einem angesehenen Verein im Süden Berlins. Mühldorfer pfeift nach Feierabend außerdem Spiele in den Berliner Jugendligen. Auch er wurde schon von Spielern, Zuschauern und Trainern mitten ins Gesicht geschlagen, bespuckt und einmal sogar bis zur Todesangst gewürgt, so dass er sich hinterher sagte: Da geh' ich nie wieder hin.

Trotz allem musste Mühldorfer im Jahr 2012 achtmal nach der Polizei rufen, um wieder Ordnung auf dem Fußballplatz herzustellen – und natürlich auch der eigenen Sicherheit wegen. Ob unter denen, die ihn attackiert haben, auch Rechtsradikale gewesen sind, vermag er nicht zu sagen, noch nicht einmal anzunehmen – oder aber er verschließt die Augen vor einer solchen Vermutung. Stattdessen erzählt er, im Oktober 2012 habe ein 16-jähriger Jungschiedsrichter aus seiner Gruppe nach einem Hallenturnier übers Handy eine eindeutige Morddrohung erhalten. Der anonyme Anrufer habe dem eifrigen Jungreferee gedroht: »Ich hacke dir deine Arme und Beine ab, du spielst mit deinem Leben.« Eine durchaus ernstzunehmende Drohung, bestätigen auch alle anderen befragten Hobbyschiedsrichter. Mühldorfer geht deshalb zu den meisten Spielen nicht mehr ohne Pfefferspray, Handy und Kleinstkamera auf den Fußballplatz. Dann könne er, falls er angegriffen werde, auch gleich noch Beweisfotos schießen. Die Lage in den Jugendklassen sei eben schlimm geworden. Mühldorfer weiß zu berichten, dass viele seiner Kollegen vor Begegnungen mit sogenannten Problemvereinen regelrecht Angst haben, sie deshalb auf den einen oder anderen Strafstoß verzichten und erst recht niemals die rote Karte zücken würden. Sie fürchten, würden sie wirklich regelgerecht entscheiden, dass sie oder ihre Angehörigen dann drangsaliert werden könnten. Auch das ist Fußball in Deutschland – der Amateurfußball am Wochenende, bei dem es um den Spaß am Spiel geht und nicht um Macht und Moneten.

Allein in Berlin gibt es an jedem Wochenende rund 1500 solcher Spiele. Viele davon gehen übel aus, wenn es denn überhaupt mal nach 90 Minuten zu einem Spielende kommt. Denn die Zahl der Spielabbrüche wegen brutaler Schlägereien wurde vom Berliner Fußballverband in der Saison 2010/11 mit 59 beziffert, in der Spielzeit 2011/12 stieg die Zahl auf 96 an – die Tendenz zeigt weiterhin nach oben … Weil das so ist und sich kein Ende abzeichnet, streikten im Herbst 2011 alle Hobbyschiedsrichter in Berlin, nachdem ihr Freund und Kollege Gerald Bothe – nicht etwa bei einem Jugendspiel –, sondern bei einem unterklassigen Seniorentreffen zusammengeschlagen und dabei schwer verletzt worden war. Der 52-Jährige hatte nämlich durch die auf ihn einprasselnden Prügel vor Schreck und wohl aus Todesangst seine Zunge verschluckt und wäre daran beinahe erstickt. Ein einziger Spieler, der in dieser Situation Ruhe bewahrt hatte und nicht davongelaufen war, rettete ihm in letzter Minute das Leben.

Übergriffe, vorwiegend im Jugendfußball, gehören heute längst zum Alltag vieler Hobbyschiedsrichter. Nicht nur in Berlin, auch im tiefen Westen oder in Hessen und ebenso im ländlichen Bayern. Dafür nur ein paar Beispiele, wenngleich man mit den bayerischen Spielberichtsbogen aller Wochenenden ganze Bücher füllen könnte, ohne diese Berichte sonderlich ausschmücken zu müssen. Die Ereignisse aus der bizarren und brutalen Welt des deutschen Jugend- und Amateurfußballs erschrecken selbst diejenigen, die Fußball sonst nur daheim, in ruhiger familiärer Runde im Fernsehen schauen.

Also gehen wir einmal dorthin, wo richtig Fußball gespielt wird. Diese Geschichte trug sich nach einem verlorenen Bezirksligaspiel beim SUS Essen-Haarzopf zu, als ein Spieler des SC Blau-Weiß Oberhausen und ein Zuschauer gemeinsam den Schiedsrichter angriffen, auf den am Boden Liegenden einschlugen und ihn dabei schwer verletzten. Bei einem B-Jugendspiel (U16/U17) in München bedrohte ein Spieler den Schiedsrichter sogar mit einer abgebrochenen Bierflasche und brüllte dazu: »Komm her, ich schlitz dir deinen dicken Bauch auf!« Im Oktober 2012 kam es beim A-Klassen-Spiel des oberbayerischen FC Iliria gegen den ESV Rosenheim zu ganz üblen Ausschreitungen mit fürchterlichen Folgen, weil der Schiedsrichter nach der normalen Spielzeit von 90 Minuten sehr lange nachspielen ließ. Kam Rosenheim so am Ende etwa noch zum Ausgleich? Darüber streiten sich die Beteiligten noch heute. Was zur Folge hatte, dass ein Iliria-Spieler den Rosenheimer Coach verprügelte, der nicht nur mit Rippenprellungen, sondern außerdem noch wegen einer verletzten Niere ins Krankenhaus gebracht werden musste. Der freiwillige Schiedsrichter wiederum wurde derart brutal zusammengeschlagen, dass er fast sein Augenlicht verlor.

All das sind, wie gesagt, nur kleine Ausschnitte aus dem allwöchentlichen fußballerischen Treiben in diesem Lande. Der Schiedsrichterstreik von Berlin hatte im Frühjahr 2013 denn auch Nachahmer in Hessen gefunden, so dass dort gleich an zwei aufeinanderfolgenden Sonntagen kein einziges Spiel in der Kreisliga D angepfiffen werden konnte. Die Schiedsrichtervereinigung Darmstadt wollte auf diese Weise auf die zunehmende Gewalt im Jugend- und Amateurfußball aufmerksam machen. Zugegebenermaßen ein leider zweckloses Unterfangen, da ohnehin kaum jemand wahrnimmt, was im Amateurfußball geschieht. Erst kurz vor diesem Streik war ein Schiedsrichter von den Spielern der TG 1875 Darmstadt beim Stand von 0:5 für den auswärtigen Gegner nicht nur vom Platz gejagt, sondern getreten, geschlagen und zuletzt auch noch kräftig gewürgt worden. Mit der Drohung, man würde beim nächsten Mal »für immer« zudrücken …

Diese und ähnliche Szenarien spielen den Rechten geradezu in die Hände, können sie doch in solchen Fällen stets als einfühlsame Kümmerer auftreten und eifrig helfen. Auch deshalb haben die Aktivitäten der Neonazis in deutschen Fußballvereinen in den letzten fünf Jahren signifikant zugenommen. Wobei von ihnen tunlichst vermieden wird, sich als Nazis zu erkennen zu geben. Insofern ist es nicht auszuschließen, dass Einzelpersonen und manchmal sogar ganze Gruppen bereits seit Jahren als sogenannte Schläfer in den unteren Ligen wirken. Sportvereine, insbesondere Fußballclubs, sind schließlich für rechtsextrem orientierte Personen äußerst attraktiv; nicht nur, um selbst Sport zu treiben, sondern um dort ehrenamtlich tätig zu werden. Eine geeignete Plattform also für die »Kümmerer vom Dienst«. Denn das freiwillige ehrenamtliche Engagement bietet innerhalb einer typisch bürgerlichen Gesellschaft die Möglichkeit der Akzeptanzsteigerung und damit auch diverse Kontaktmöglichkeiten, um vorrangig Jugendliche Schritt für Schritt, ohne dass diese es merken, zu beeinflussen. Folgt man zudem einer eigens angefertigten Studie des Kriminologischen Forschungsinstituts Hannover aus dem Jahre 2009, haben Rechtsradikale mit Jugendlichen ohnedies leichtes Spiel. Entsprechend dieser hannoverschen Ausarbeitung hat jeder siebte Jugendliche bei der Befragung »sehr ausländerfeindliche« Einstellungen offenbart; annähernd fünf Prozent der Befragten gehörten gar einer rechten Gruppe oder einer rechten Kameradschaft an. Bei den Mädchen waren es allenfalls halb so viele. Befragt wurden in der größten Jugendstudie, die es jemals in Deutschland gegeben hat, insgesamt 45 000 junge Menschen aus den neunten Klassen in 61 repräsentativ ausgewählten Städten und Landkreisen. Von den Befragten war jeder sechste Schüler innerhalb der letzten zwölf Monate mindestens einmal Opfer einer Gewalttat geworden; andererseits gaben bis zu 18,1 Prozent der befragten Jugendlichen auch zu, in den letzten zwölf Monaten selbst eine Straftat begangen zu haben. Zahlen, die nachweislich auch in rechten Kreisen kursieren und zu den Grunddaten der dortigen strategischen Überlegungen gehören.

In der ARD-Fernsehsendung »Hart aber fair« vom 15. April 2013 merkte der bayerische Innenminister Joachim Herrmann in einer Diskussion um den damals verzögerten NSU-Prozess in München an, man dürfe den gesamten rechten Untergrund nicht unterschätzen, indem man leichthin meine, in derlei Zirkeln würden ausschließlich intellektuell uninteressierte »Dumpfbacken« agieren.

Irritierend war, dass Herrmann in keiner Weise auf die Flugblätter der »Identitären Bewegung« einging, die viele Berliner einige Tage zuvor in ihrem Briefkasten gefunden hatten. Diese Bewegung, die weder eine linke noch eine rechte Richtung verspricht, sondern »Identität«, lockt mit dem, was sich Jugendliche aller Generationen seit jeher wünschen: gesellschaftlichen Wandel, Demokratie und eben – Identität. Zur Verbreitung bedient man sich der hohen Reichweite und Geschwindigkeit moderner sozialer Netzwerke. Im Internet, auf Facebook beispielsweise, ist die »Identitäre Bewegung« bereits seit Oktober 2012 präsent. Bis Ende März 2013 hatten schon 4000 Gleichgesinnte auf »gefällt mir« geklickt. Wer genauer im Internet nachforscht, um herauszufinden, inwieweit diese Gruppen, von denen es im Juni 2013 in Deutschland mittlerweile angeblich schon um die fünfzig gegeben haben soll, tatsächlich politisch agieren, stößt erst einmal auf einige Widersprüche. Einerseits sehen nicht wenige Bilder wie moderne Naziprojektionen aus, andererseits heißt es dort, man stehe nicht rechts und sei – selbstverständlich – auch kein bisschen rassistisch eingestellt. Ja, was dann? In diesem Zusammenhang lohnt sich ein Blick auf die Herkunft dieser sonderbaren Gedankenwelt, die so weit gar nicht von der des rechten Fußballfans entfernt und deshalb ganz besonders interessant ist.

Ihren Ursprung haben die »Identitären« in Frankreich. Dort, wo sich der »Bloc Identitaire« schon im Sommer 2003 im Umkreis des rechten »Front National« gegründet hatte und zu dessen gefährlichen Rändern auch die rechtsradikalen Fußballfans aus Deutschland seit vielen Jahren intensive Verbindungen aufrecht halten; hauptsächlich jene aus dem tiefen Westen Deutschlands. Der »Bloc Identitaire« nennt sich zwar inzwischen »Génération Identitaire« und behauptet von sich, weniger militant und vereinnahmend zu agieren und zu reagieren als die angeblich weit simpler gestrickten Fußballfans der rechten Lager in Frankreich. Bei näherer Betrachtung wird aber doch ein Schuh daraus, der jedem Rechten passt: Es sind überwiegend junge Menschen – viele von ihnen fühlen sich der »Génération Identitaire« zugehörig –, die im Oktober 2011 eine Moschee in der wunderbaren Kunst- und Kulturstadt Poitiers besetzt hatten, um auf diese Weise gegen die »Islamisierung« Frankreichs zu demonstrieren. »Ich glaube, während früher sozusagen der ›gemeine‹ Neonazi eher gegen den Türken, mit dem er eben auch im Alltag konfrontiert war, propagiert hat, haben wir es hier mit einer ganz allgemeinen Aussage gegen den Islam zu tun«, meinte dazu die Berliner Kommunikationswissenschaftlerin Dr. Bettina Fackelmann am 27. März 2013 im RBB-Fernsehen.

Mag sein, dass sich diese Bewegung zwar verbal vom Rechtsextremismus abgrenzt, dennoch haben Verfassungsschützer personelle und inhaltliche Überschneidungen mit rechtsextremen Gruppen festgestellt. Es scheint, als hätten die Rechtsradikalen mit den »Identitären« auf den intellektuellen Jugendbewegungsmodus umgeschaltet. Für gewisse Jugendliche, bestätigen rechte Fußballfans meine Vermutung, seien die »Identitären« nun einmal attraktiver als der »Wikingjugend- und HJ-Style« klassischer Neonazis. Selbst wenn man sich von diesen öffentlich distanziere, seien die Ideen schlussendlich dieselben. Und da gebe es mehr als nur intellektuelle Überschneidungen. Bei der »identitären Bewegung« in Bremen zum Beispiel entdeckte der Verfassungsschutz bereits Anfang 2013 bekannte Köpfe der rechten Szene, die zum Teil auch zur rechten Fußballszene gehören. Hier offenbart sich eine neue taktische Zangenbewegung der Rechtsradikalen: Auf der einen Seite die Unterwanderung der Intellektuellen, auf der anderen das Einschleichen in die Ultra-Gruppen, in die Fankurven der Fußballanhänger.

Die neue Jugendkultur, der Fußball und die Naziclubs – wie das im Alltag zusammenpasst, soll folgendes Beispiel verdeutlichen: Von der Öffentlichkeit Mitte April 2013 noch unbemerkt, gründeten Erfurter Neonazis etwa zwölf Monate zuvor einen Sportverein, um Kampfsportarten zu trainieren. Im Gemeinschaftssportverein »Mach dich Fit e.V.« ging es nicht nur um Kickbox-Training, sondern auch um Fußball, der von den GSV-Mannschaften meist im Sommer auf öffentlichen Hobbyturnieren gespielt wurde, die von nicht-rechten Vereinen ausgerichtet werden. Nichtsdestotrotz wird auch hier am Spielfeldrand zur Unterwanderung angesetzt. Zur Gründung dieses Vereins hatte 2008 der Thüringer Neonazifunktionär Enrico Bizysko den ersten Grundstein gelegt; ein Mann, der seit vielen Jahren zur Erfurter Neonaziszene gehört. Über Thüringen hinaus wurde er als einer jener rechten Angreifer bekannt, die 2008 alternative Jugendliche während einer Schlauchboottour überfallen und hinter der Erfurter Krämerbrücke verprügelt und verletzt hatten. Bizysko agiert auch als stellvertretender Vorsitzender des neonazistischen Wahlvereins »Pro Erfurt«. Dort ist er zuständig für – wenn überrascht es – Sport und- Jugendarbeit. In Thüringen, wo in den letzten Jahren an die zwanzig rechte Sportvereine gegründet worden sind, wurde der GSV »Mach dich Fit« sogar ordentliches Mitglied im Stadtsportbund Erfurt, seit dem 1. Januar 2013 war er auch ordentliches Mitglied im Landessportbund Thüringen. Somit in jenem Gremium, in dem Steuergelder an Sportvereine weitergeleitet werden. Wie so etwas geschehen konnte, ist wahrlich kaum nachvollziehbar, zumal der Landessportbund Thüringen sogar eine eigene, hauptamtlich besetzte »Beratungs- und Koordinierungsstelle für Gewaltprävention und gegen Extremismus« im Sport unterhält. Die hat während der Fertigstellung dieses Buches erfolgreich den Ausschluss des GSV »Mach dich Fit« aus dem Landessportbund betrieben.

Aber es bleibt schwierig, etwas gegen die Nazis im Sport auszurichten. Als der NPD-Funktionär Tommy Frenck im Jahre 2007 im idyllischen Hildburghausen den Fußballclub »Germania« gegründet hatte, wussten thüringische Sportfunktionäre nicht, was sie dagegen unternehmen sollten. Auch dieser Club, der überwiegend Jugend- und Kinderbetreuung leistet, wurde ins dortige Vereinsregister eingetragen. Die Eltern der dort Fußball spielenden Kinder und Jugendlichen, so hört man nun schon über Jahre hinweg, seien allesamt nicht in der rechten Szene etabliert und hätten sowieso kein Interesse an Politik. Und an »dem Herrn Frenck« würden sie sich nicht stören, der sei stets höflich und hilfsbereit. Er hole die Kinder und die Jugendlichen schließlich »von der Straße«, versicherte mir eine Mutter. Was sie nicht erwähnt hat: Dort, wo sich nachmittags Kinder und Jugendliche treffen, um Fußball zu spielen, treffen sich am Abend die Nazis zum rechten Gedankenaustausch. Die »Sportgemeinschaft Germania e.V.«, ein Kinderbolzplatz für rechtsradikale Kameradschaftstreffen. So muss man das eben auch sehen.

Leider ist Thüringen in dieser Hinsicht kein Einzelfall. Beim FSV Görlitz-Schlesien (Kreisklasse 2) in Sachsen spielen gleichfalls junge Hobbyfußballer, die sich vor dem Anpfiff gern mal mit einem kernigen »Sieg Heil« motivieren. Warum auch nicht? Es sind ja schließlich ausnahmslos nette junge Kerle, die danach 90 Minuten lang zur Sache gehen, sich nicht prügeln und treuherzig, nicht etwa augenzwinkernd meinen, der rechte Szene-Code »88« müsse nicht unbedingt für den Gruß »Heil Hitler« stehen. Nachsatz: Görlitz ist die östlichste Stadt Deutschlands, über seine berühmte Altstadtbrücke erreicht man im Nu Polen. Jenes Land, das die Nazis 1939 überfallen und damit den Zweiten Weltkrieg ausgelöst haben.

KAPITEL 4

Macht und Ohnmacht der Ultras

Mein Gott, diese Fußballfans!

Wissen sie wirklich nicht, was sie tun? Sind sie tatsächlich so ahnungslos, wie sie uns ständig glauben machen wollen? Bar jeden Anstands und auch noch jeglichen Geschichtsbewusstseins? Nicht nur hierzulande, sondern überall in Europa? Kaum zu glauben, aber das alles ist allein im Jahr 2013 geschehen.

Am 20. April 2013 – dem Geburtsdatum Adolf Hitlers und 68 Jahre nach dessen Tod – ziehen Hunderte von Fußballanhängern durch die Straßen der bulgarischen Hauptstadt Sofia. Allesamt Fans des dortigen Traditionsclubs Lewski Sofia. Im Fackelschein schwenken die jungen bulgarischen Neonazis Hakenkreuzfahnen und heben Transparente mit Hitler-Bildern in den Nachthimmel. Dazu werden lautstark alte deutsche Nazilieder gesungen.

Seitdem dies passiert ist, überlegen einige Beamte des bulgarischen Innenministeriums gemeinsam mit Funktionären des bulgarischen Fußballverbandes, was in dieser Sache zu tun sei. Soll man die jungen Leute, die Hitlers Geburtstag – am 20. April 2013 wäre er 124 Jahre alt geworden – emphatisch gefeiert haben, etwa rügen oder gar hart bestrafen? Man tut sich bei diesen Überlegungen schwer, denn womöglich, so war auf Umwegen aus Sofia zu hören, hätten die jungen Leute ja nicht den Nationalsozialismus verherrlichen wollen, sondern wären lediglich einer gewissen »folkloristischen Begeisterung« nachgekommen ... Da genüge neben einer vorsichtigen Rüge eine geringe Geldstrafe, oder? Jedenfalls ist der Fall bis zur Drucklegung dieses Buches noch immer nicht endgültig aufgearbeitet worden.

Aber wenn schon die Fans mit der jüngeren europäischen, sprich: deutschen Geschichte nichts am Hut haben, wie steht es dann um die Spieler? Einige Tage zuvor, am 7. März 2013, war mir eine Meldung aus Griechenland aufgefallen, die auf einen Einspieler bei *YouTube* verwies: Der Videoclip zeigt den griechischen Nationalspieler Georgios Katidis vom renommierten Verein AEK Athen beim Hitlergruß vor der Athener Fankurve – unmittelbar nach einem von ihm erzielten Tor gegen den Veria FC. Vom Verband zur Rede gestellt, behauptete der Zwanzigjährige, er kenne die politische Bedeutung dieser Geste nicht und habe damit seinen Treffer nur einem Spielerkollegen auf der Tribüne widmen wollen. Und überhaupt, was das alles solle, wehrte er sich empört. Immerhin sei er schon deshalb kein Nazi, weil er gar nicht wisse, was das bedeute. Nazi? Was soll das denn sein? Nie gehört. Auch Katidis' deutscher Trainer Ewald Lienen, der kurz danach geschasst wurde – nicht wegen dieser Affäre, sondern weil der Club abgestiegen war –, nahm Katidis vor seiner Entlassung noch in Schutz: »Er ist doch ein junger Kerl ohne politische Absichten. Er hat diesen Gruß vielleicht mal im Internet gesehen, ohne zu wissen, was er bedeutet.« Den griechischen Verband, der, nebenbei bemerkt, unter dem herrlichen Dopingkürzel EPO firmiert, interessierte das herzlich wenig – er sperrte Katidis trotz dessen Ausreden auf Lebenszeit von allen Einsätzen in der griechischen Auswahlmannschaft aus, nachdem namhafte griechische Zeitungen in der Causa Katidis bereits eine peinliche Parallele zum italienischen Stürmer Paolo Di Canio von Lazio Rom gezogen hatten. Das muss den EPO-Funktionären sauer aufgestoßen sein.

Paolo Di Canio durfte seine Tortreffer in der »Serie A« – sie entspricht unserer ersten Bundesliga – jahrelang ungehindert und ungestraft mit dem deutschen Ruf »Sieg Heil« und dem Hitlergruß in aller Öffentlichkeit feiern. In einem Zeitungsinterview gab Di Canio – ganz anders als der junge Grieche Georgios Katidis – auch noch überaus selbstbewusst zu: »Ja, ich bin Faschist. Na und?« Von der Disziplinarkammer des italienischen Fußballverbandes (FIGC) wurde Di Canio am 6. Januar 2005 zu einer Geldstrafe von 10.000 Euro verurteilt. Jemand wie Paolo Di Canio hätte das zwar gewissermaßen aus der Portokasse zahlen können, doch nun drehte der Mann, der einst auf seinen rechten Oberarm aus Verehrung für den ehemaligen italienischen Diktator Benito Mussolini das lateinische Wort »Dux« – Führer – eintätowieren ließ, erst so richtig auf. Er akzeptierte die Verbandsstrafe nicht, sondern bejubelte stattdessen seine Tore weiterhin mit dem Hitlergruß. Ebenso taten es ihm viele jugendliche Fans nach – ob bei Heim- oder Auswärtsspielen von Lazio Roma. Als Di Canio deshalb erneut zu 10.000 Euro Strafe verurteilt wurde, zogen die »Irriducibili Lazio«, die meist rechtsradikalen und deshalb in ganz Europa gefürchteten Fans aus der »Ewigen Stadt« mit etwas mehr als fünfhundert äußerst gewaltbereiten Neonazis, vor das italienische Verbandsgebäude und starteten dort eine Sammelaktion für ihr in große finanzielle Nöte geratenes Mitglied – den Millionär Paolo Di Canio …

Wissen diese Fans wirklich nicht, was sie tun, oder täuschen sie ihre Naivität und Arglosigkeit nur vor? Gibt es zwischen den Rechtsradikalen unter ihnen und den europäischen Verbänden möglicherweise eine Art stille Übereinkunft, sich nicht gegenseitig zu schaden? Im ständigen Kampf um die Stadion-, also um die Fankurven? Vieles deutet darauf hin. Unter anderem auch folgende Tatsache, die der Hitler-Verehrung bulgarischer und italienischer Fußballfans in nichts nachsteht: Redakteure des Mitteldeutschen Rundfunks (MDR) wollten Anfang 2013 herausfinden, ob man sein eigenes Fußballtrikot hierzulande ungestraft mit Naziparolen versehen lassen kann. »Beflocken« heißt so etwas in der Fachsprache. Entsprechend der treudoofen Frage, wie man rechte Gesinnungsgenossen denn erkennen solle, wenn man sie vorher nicht kennzeichne? Bei den Hells Angels stehe schließlich auch hinten drauf, wes Geistes Kind sie sind. Als Fußballfan müsse man endlich ein Zeichen setzen! Klare Kante heißt das bei denen. Also ließen die Mitarbeiter des MDR Trikots bei allen deutschen Fußballvereinen – bis hinunter zur dritten Liga – mit Nazikennzeichen »beflocken«. Es gab überhaupt keine Schwierigkeiten, noch nicht einmal mit der berüchtigten Zahl »88«, die für »HH«, also für »Heil Hitler« steht. Es wurde anstandslos »beflockt« und im Handumdrehen ausgeliefert. Das MDR-Magazin »Exakt« berichtete, auch beim Bedrucken der Fußballtrikots mit Namen einstiger Nazigrößen habe es keinerlei Schwierigkeiten gegeben, keine Rückfragen, keine Verzögerungen. Namen wie Fritz Sauckel – der einstige NSDAP-Gauleiter Thüringens – oder gar Reinhard Heydrich wurden ohne viel Federlesens aufgedruckt. Wobei es sich bei Heydrich immerhin um den Organisator des Holocausts gehandelt hat, um den Mann, der 1941 von Hermann Göring mit der sogenannten »Endlösung der Judenfrage« beauftragt worden war. Auch die Namen der in den Freitod gegangenen NSU-Terroristen Uwe Mundlos und Uwe Böhnhardt wurden von sieben der neun angefragten Vereine bereitwillig auf die neutralen Fantrikots des MDR gedruckt. Woraus sich zwei Fragen ergeben: Waren Mundlos und Böhnhardt in der Fußballfanszene nun un- oder allzu bekannt? Übrigens, nur die Fanshops der beiden deutschen Champions-League-Finalisten Bayern München und Borussia Dortmund wiesen eine »Beflockung« zurück, unter dem Hinweis auf einen »möglichen« rechten Symbolcharakter. In anderen Fanshops machte man sich solche Gedanken überhaupt nicht. Nicht bei Schalke 04, erst recht nicht bei Dynamo Dresden, auch nicht beim Halleschen FC oder bei Rot-Weiß Erfurt, nicht beim 1. FC Magdeburg und schon gar nicht bei Lok Leipzig. Fußball-Deutschland, wie rechts bist du geworden …

Als das alles so wunderbar geklappt hatte, wagte sich der MDR an den Fanshop des Deutschen Fußball-Bundes (DFB) heran. Dort lieferte man sogar ohne Umschweife das Hemd der deutschen A-Nationalmannschaft mit dem bestellten Schriftzug »White Power« aus. Offenbar ohne zu wissen, dass es sich bei »White Power« um einen äußerst beliebten Schlüsselbegriff aus der Neonaziszene handelt, der vor vielen Jahren zunächst durch den Ku-Klux-Klan in den USA geprägt und später vom britischen Neonazi Ian Stuart, Sänger der berüchtigten rechtsradikalen Band Skrewdriver, aufgegriffen wurde. Der Deutsche Fußball-Bund (DFB) wies nach dem »White-Power«-Vorfall – wie immer, wenn es um Rechtsradikalismus im deutschen Fußball geht – erst mal jede Verantwortung von sich und musste sich auch in diesem Falle inhaltlich nicht erklären. Er erläuterte vielmehr, die Trikots seien von einem externen Partner »beflockt« worden, dem es möglicherweise an der nötigen Sensibilität mangele. So ganz festlegen wollte sich der DFB nicht, künftig gäbe es aber ein nagelneues technisches Verfahren, das solche und ähnliche Bestellungen ausschließen könne. Statt Sensibilität also nun der technische Fortschritt – ein fragwürdiger Weg im Kampf gegen rechts.

Trotz des angekündigten technischen Fortschritts sei an dieser Stelle ein Hinweis erlaubt, was es an erkennbarer Nazisymbolik denn alles gibt. Beim DFB und bei den Fanshops der ersten, zweiten und dritten Liga kann man einen entsprechenden Handzettel für die Wand drucken lassen, um dann und wann zu überprüfen, ob Gefahr im Verzug ist.

Da wären erst einmal die wichtigsten Akronyme, also Kurzworte, und Abkürzungen aus der Naziszene: HffH (»Hammerskins forever, forever Hammerskins«). Die Hammerskins sind eine neonazistische Vereinigung, die 1986 in Dallas (US-Bundesstaat Texas) gegründet wurde. Von ihr gibt es mittlerweile auch Ableger in Deutschland.

RAHOWA steht für »Racial Holy War« (»Heiliger Rassenkrieg«). Dieser rechte Verein, der 1990 in den USA gegründet wurde, fand hier seine begeisterten Anhänger, die sich für den Kampf »um die arische Rasse, gegen Juden und niedere Rassen« rüsten.

WAW steht für »Weißer Arischer Widerstand«. Die Gruppierung ist ein neonazistischer Ableger von WAR (»White Aryan Resistance«) mit Sitz in Kalifornien und wurde gegründet vom früheren Ku-Klux-Klan-Führer Tom Metzger. Sie vertritt Anschauungen, die sie selbst als rassistisch bezeichnet.

W.O.T.A.N. könnte vordergründig nur der Name des germanischen Gottes Wotan sein – die Abkürzung hat aber eine Doppelbedeutung. Dahinter verbirgt sich eine rechtsextreme, enorm rassistisch eingestellte Organisation: »Will Of The Aryan Nation« (»Der Wille der arischen Nation«). Sie wurde in den USA gegründet und gilt dem FBI als terrorverdächtig.

Z.O.G. (»Zionist Occupied Government«). Die Abkürzung dieser amerikanischen Gruppe ist deutschen Rechtsextremisten seit den 1990er Jahren als Codewort für angeblich zionistisch beherrschte Regierungen bekannt. Wozu sie auch die Bundesrepublik Deutschland zählen. Diesen Rechtsextremen gelten alle Menschen als »Zionisten«, die ihrer Ansicht nach im Dienst von Juden stehen.

Hinzu kommen urgermanische Runen, vor allem die Hagal-, Man-, Odal-, Sig-, Tyr- und Yr-Rune. In diese Kategorie fallen auch Symbole alter germanischer Herkunft, wie das Keltenkreuz, die Schwarze Sonne oder der Thorshammer.

Sehr beliebt sind jedoch vor allem Devotionalien aus der NS-Zeit: Das Eiserne Kreuz, das Gaudreieck, selbstverständlich das Hakenkreuz, Hammer und Schwert, der Reichsadler, alle SA-Abzeichen; sehr gefragt bleiben der SS-Totenkopf, die Wolfsangel, das Zahnrad und die Reichskriegsflagge, die ungeniert über so manch kleinbürgerlich-romantischer Schrebergarten-Kolonie gehisst wird.

Am liebsten werden Fußballtrikots jedoch mit rechten Zahlencodes »beflockt«. Die wichtigsten davon seien deshalb gleichwohl erläutert. Das Alphabet wird üblicherweise in Zahlen umgesetzt: 1 steht für A, 2 für B und so weiter. Die Zahl 18 bleibt weiterhin das Erkennungszeichen einer neonazistischen Terrororganisation, die sich hauptsächlich in Norddeutschland etabliert hat, auch im Umfeld der Lübecker Fußballfans.

88 steht, wie oben erwähnt, seit vielen Jahren als getarnter Hitlergruß für »Heil Hitler«; gleichzeitig auch für »SS«, zählt man das Alphabet von hinten ab.

28 gilt weltweit als Abkürzung für die internationale Faschistenvereinigung »Blood & Honour«, die nach der Losung der Hitler-Jugend – flink wie Windhunde, zäh wie Leder, hart wie Kruppstahl – agiert.

74 ist die Chiffre für »Großdeutschland« beziehungsweise für die Losung: »Deutschland den Deutschen«.

1918 heißt »Sieg Heil«, 1919 »SS«. Vorsicht sei auch bei der Zahlenkombination 4/20 in den Fanshops der Bundesliga-Vereine geboten: Diese ist absolut nicht harmlos, sie bedeutet vielmehr »Führers Geburtstag«, entsprechend der englischen Datumsangabe.

Das alles möge vor allem den Ultras in diesem Lande helfen, also jenen fanatischen Fußballanhängern, die ihren Verein immer und überall bestmöglich unterstützen wollen. Sie haben nichts, sagen sie, aber auch gar nichts mit den gewalttätigen Hooligans zu tun – aber leider mit den Rechtsradikalen, die unsere allzu braven Ultras nur zu gern unterwandern. Häufig so geschickt, dass diese so etwas erst dann bemerken, wenn das Kind schon längst in den Brunnen gefallen ist. Ich erinnere mich noch an jene Tage, in denen ich mit dreizehn, vierzehn Jahren jeden Sonnabend ins Stadion gepilgert bin; danach – daheim – Streuselkuchen, heißer Kakao und am späten Nachmittag brandaktuelle Reportagen im Radio. Zu dieser Zeit gab es noch keine Ultras, und richtige Fangruppierungen existieren eigentlich nur in Italien. Ich las davon in den 1950er Jahren erstmals in der »fuwo«, der *Fußballwoche*, die in der ehemaligen DDR jeden Dienstag für 50 Pfennig am Zeitungsstand verkauft wurde – und war schwer beeindruckt. Hätte es damals etwas Vergleichbares gegeben, ich wäre sofort dabei gewesen. Ultras statt FDJ! Mit fliegenden Fahnen wäre ich direkten Weges und ohne auch nur ein Sterbenswörtchen gegenüber meinen Eltern zu verlieren vom Radio zu diesen Leuten übergelaufen – keine Frage.

Hätte ich später im reiferen Alter derlei erwogen, ich hätte mich zuallererst über die Ultras erkundigt. In den Sportlexika beispielsweise findet man unter dem Stichwort »Ultras« die Beschreibung »Organisationsform für fanatische Fußballanhänger«. Heute frage ich Ultra-Mitglieder direkt, worin der Unterschied zu den Hooligans bestehe, und erhalte oft die Antwort: »Während bei den Hooligans die gewalttätige Auseinandersetzung mit anderen Gruppen im Vordergrund steht und Fußballspiele nur einen Anlass bieten, steht bei uns Ultras der Sport im Vordergrund.« Man verabrede sich – vor allem bei gemeinsamen Reisen zu Auswärtsspielen – via Internet miteinander. Dort richte man sich auch gegenseitig moralisch auf oder gebe sogar Gesangsunterricht für die Schlachtgesänge beim großen Spiel am Sonnabend im Stadion. Die »Ultras Gelsenkirchen« setzen deshalb ihre Texte – um sie zu lernen oder wenigstens, um sie abzuschreiben – sogar ins Internet: »Die ganze Stadt steht hinter dir, die Kurve stolz und treu zu dir, eines ist hier jedem klar, SCHALKE du bist wunderbar.« Und damit nicht jeder Ultra einfach nur Unverständliches murmelt, gibt es auch noch nähere sachdienliche Hinweise: Zu singen nach der Melodie von »Games People Play« von Joe South. Im Internet steht auch, wie die jeweilige Zaunfahne aussieht, damit man sich als Fananfänger nicht verläuft. Sie wird – meist mit dem Vereinssymbol – am Zaun zwischen Zuschauerrang und Spielfeld befestigt. Oft besteht sie aber aus einem kämpferischen Spruchband, das zwischen zwei Haltestangen fixiert wird. Aber so idyllisch, wie das alles klingt, geht es in der Praxis nicht immer zu. Es gehört bisweilen schlichtweg zu den Gepflogenheiten mancher Ultras, anderen Ultras Fahnen und Fanschals zu klauen; Schlägereien untereinander zu provozieren, sogar Prügeleien mit der Polizei. Auch die sogenannten antifaschistischen Ultras agieren bei alledem nicht gerade zimperlich.

Noch schlimmer: Weil in vielen Ultra-Gruppen die Verachtung rechtsstaatlicher Standards nun einmal, sagen wir, überaus ausgeprägt ist, somit auch die Beschimpfung von Polizisten, die Verunglimpfung von Ordnern, und weil das Zünden verbotener Pyrotechniken als besondere Mutprobe gilt, stehen viele den Rechtsradikalen nicht gerade ablehnend gegenüber. Sicher, das wird auch dann noch abgestritten, wenn es dafür längst handfeste Beweise gibt. So behaupten zum Beispiel die Fans des 1. FC Köln ausnahmslos, die Ultras rund um den ersten deutschen Bundesliga-Meister von 1964 seien traditionell immun gegenüber jeder Form von Rechtsradikalismus. Daran sei auch künftig nicht zu rütteln. Aber was ist mit der Fangruppierung »Südstaat Boyz«, die sich 1989 als »FC Merowinger«, damals noch eine harmlose Thekenmannschaft, gegründet hatte? Davon scheint nicht mehr viel übriggeblieben zu sein. Nach dem Weihnachtsfest 2012 hatten die »Boyz« ausgerechnet gemeinsam mit den berüchtigten

Dortmunder »Desperados« ein Fußballturnier veranstaltet, einer Fangruppe, die unbestritten als klar rechts einzuordnen ist. Auf diesem Turnier wurden, was hinterher gegenüber der Berliner Tageszeitung *Die Welt* am 3. Februar 2013 heftig bestritten worden ist, auch antijüdische Lieder gebrüllt. Aber so etwas gehört wohl heutzutage einfach zu einem ausgefüllten deutschen Fußballfanerlebnis dazu. Ein kaum nennenswerter Vorfall also, obwohl es mittlerweile in den drei höchsten deutschen Spielklassen immer mal wieder solche oder ähnlich ausgelassene Ultra-Fehden geben soll.

Bei den Hooligans – den Schlägern und Raufbolden mit hoher Gewaltbereitschaft und oft eindeutiger rechtsradikaler Ausrichtung – wird mitunter weitaus heftiger »gefeiert«. Da gibt es beispielsweise die »Blue White Street Elite« in Sachsen-Anhalt, die sich rund um den 1. FC Magdeburg schart und hervorragend mit den verschiedensten Nazikameradschaften vernetzt ist. Eigentlich bestimmen die Hooligans in deutschen Fußballstadien, was geschehen darf – und was nicht. Die Ordner kuschen, die Polizei schaut weg, und die älteren Fans winken resigniert ab: »Ja, so ist nun mal die Jugend von heute.«

Alles halb so schlimm, behaupten sie zudem bei der Gewerkschaft der Polizei, wenn es um solche Ausschreitungen geht. Auch das, was sich an der Dortmunder »Borussenfront« von »SS-Siggi« immer mal wieder zuträgt, gilt Polizisten und Politikern anscheinend als nicht sonderlich erwähnenswert. Was das betrifft, hält man sich lieber an Kenan Kolat, den Vorsitzenden der türkischen Gemeinde Deutschlands, der am 7. Mai 2013 in der ARD feststellte: »Die Rechten sind in der Mitte Deutschlands angekommen.«

Um diese Feststellung auf den hiesigen Fußball zu projizieren, sei an dieser Stelle das erstklassige Fußballmagazin *Elf Freunde* vom 27. Januar 2013 zitiert: »Am Morgen nach dem Derby Dortmund gegen Schalke ruft ›SS-Siggi‹ wieder an. Der Mann hat zum Frühstück definitiv keinen Kaffee getrunken. 1:2 verloren gegen die verdammten Schalker, so ein Mist! Doch alles andere war nach seinem Geschmack. 180 Festnahmen, immer wieder sind die beiden Fangruppen aufeinandergeprallt. ›Ich bin wahnsinnig stolz auf meine Jungs!‹ Tatsächlich hatten seine Weggefährten von der ›Borussenfront‹ vor der Nordtribüne gewütet, später hat die Polizei auch den Kreisvorsitzenden der NPD festgenommen, Stadtrat Matthias Wächter. ›Ich habe dem Wächter noch gesagt, dass er nicht mitgehen soll‹, meinte Borchardt (gemeint ist »SS-Siggi«; Anm. des Autors), ›aber er hat nicht auf mich gehört.‹ Doch sonst alles paletti: ›Hömma, hamse richtig Gas gegeben, meine Jungs, ne?‹ Es sind wieder gute Zeiten für ›SS-Siggi‹ und seinesgleichen.«

Die Traditionsclubs im Westen und Südwesten dieser Republik unterhalten zudem auch internationale Verbindungen. Ein repräsentatives Beispiel hierfür ist der überall sehr beliebte 1. FC Kaiserlautern des großen Fritz Walter. Folgendes wurde am 27. Januar 2013 im Magazin *Elf Freunde* über den Verein berichtet: »Die Lauterer Hoolszene galt in den Achtzigern und Neunzigern als offen neonazistisch. Viele der Herren sind älter und ruhiger geworden, viele haben mit Politik nichts zu schaffen, trotzdem gehen noch heute viele Nazikader im Stadion ein und aus. Die etwa 70 Hools, die regelmäßig in Block 5.3 sitzen, sind befreundet mit rechtsgerichteten Fans von Paris Saint-Germain. In der Lauterer Ultra-Szene wiederum besteht eine Freundschaft mit den eher linken Ultras des FC Metz. Hartnäckig hält sich in Kaiserslautern das Gerücht, dass die Lothringer ihre Pfälzer Freunde anlässlich des Heimspiels gegen Köln nicht besuchen durften.« Zumal linksgerichtete oder auch alternative Ultras im Männerfußball eigentlich gar nicht gern gesehen sind. Warum? Zum besseren Verständnis hier eine Frage aus dem *Alerta-Network* der linksradikalen Szene Europas vom 29. April 2013: »Kannst du mir sagen, woher ich so 'ne Regenbogenfahne her bekomme oder alternativ einen Doppelhalter, wo sich 2 Männer küssen? Ideal wäre ein weißer Mann, der einen Schwarzen küsst, das wäre – doppelt integrativ – fördernd.«

Nach diesem Ausflug in die alternative Fanszene zurück zu vermeintlich »richtigen« Männern, zu denen, die zupacken können, kurzum: zu denen auf dem Betzenberg im pfälzischen Kaiserslautern: »Die Hools, heißt es«, schreibt das Magazin *Elf Freunde* über ein Treffen mit den linken Ultras des FC Metz, »hätten dies untersagt, um ihre Kumpels aus Paris nicht zu brüskieren. Wenn kampfsporterprobte Hooligans ›Ansagen machen‹, spuren die Ultras. Auch in Dortmund, Duisburg oder Braunschweig wurden exponierte Ultras bedroht. Entweder sie würden aufhören, sich gegen rechts zu positionieren, oder man werde ihnen endgültig zeigen, wer Herr im Block sei.« Fußball-Deutschland im Jahre 2013.

KAPITEL 5

Vereine im Visier der Nazis

»Judeklubb« Eintracht Frankfurt

»Eine Trendwende, die einen Rückgang des gewaltbereiten Potentials in den Anhängerschaften der Bundes- bis Regionalligen indizieren würde, ist weiterhin NICHT erkennbar.« So lautete die nüchterne und ohne eine weitere Erklärung abgegebene Einschätzung der Zentralen Informationsstätte Sporteinsätze (ZIS) in Düsseldorf für die Fußballsaison 2011/12. Hoffnungen, es könne künftig besser werden, seien leider nicht erkennbar.

Die Gegenwart hat sich weit schlimmer entwickelt, als man es je vermutet hätte. Die ZIS verfügte im Sommer 2013 sogar über zusätzliche Erkenntnisse, nach welchen es bei mindestens 16 Vereinen in den drei deutschen Profiligen Überschneidungen zwischen gewaltbereiten Fans der Ultra- (siehe 4. Kapitel) und der rechten Naziszene gebe; das sei auch dokumentiert. Ganz besonders intensiv seien diese Zusammenhänge bei Borussia Dortmund, Rot-Weiß Oberhausen, Borussia Mönchengladbach, bei den verschiedenen Zebrafangruppen des MSV Duisburg, beim Bundesliga-Absteiger Fortuna Düsseldorf sowie beim Traditionsclub Alemannia Aachen. Registriert wurde von Verfassungsschützern auch der SV Saar 05 Saarbrücken, der sportlich zwar keine größere Rolle mehr spielt, Rechtsradikalen aber hin und wieder als »Brückenkopf« zum faschistoiden »Front Nationale« (FN) im benachbarten Frankreich dienen würde.

Wer glaubt, die Neonazis würden sich ausschließlich im Osten unserer Republik austoben, hat entweder nicht genau hingehört oder absichtlich nicht begreifen wollen. Von den Ostvereinen hat der Verfassungsschutz lediglich noch Lok Leipzig und den Chemnitzer FC ständig im Visier. Erfahrungsgemäß kann so etwas natürlich auch taktische Täuschung sein, wie die Beispiele Dynamo Berlin und Dynamo Dresden vermuten lassen. Diese stehen bei der ZIS nicht zwangsläufig zu jeder Zeit auf deren offiziellen Listen.

Gleichwohl spielt der Osten für die Rechtsradikalen noch immer eine herausragende Rolle. Klaus Beier, seines Zeichens Bundessprecher der NPD und zugleich Landesvorsitzender dieser rechtsradikalen Partei im Bundesland Brandenburg, erklärte dazu Ende Januar 2013 im Berliner Fußballmagazin *Rund*: »Der Boden im Osten ist für uns fruchtbarer als im Westen.« Einschränkend fügte er hinzu: »Aber in bestimmten Regionen des Ruhrgebiets, so in Gelsenkirchen (mit über zwanzig Prozent Arbeitslosigkeit; Anm. des Autors), hat die NPD den Rand der Gesellschaft verlassen und marschiert nun auf deren Mitte zu. Und in Franken haben wir fast schon mitteldeutsches Niveau.« Dort gibt es neben der 2013 in der ersten Bundesliga gescheiterten SpVgg Greuther Fürth immerhin den traditionsreichen 1. FC Nürnberg, den landauf, landab hochverehrten »Klubb«. Na, dann läuft doch alles sehr schön für die Rechten …

Die NPD und deren »Kameradschaften« arbeiten immerhin schon seit Jahren beharrlich daran, gerade diese Milieus zu unterwandern. So gab es schon 2010 ein sogenanntes »Strategiepapier« NPD-naher Kreise, das folgende Fußballvereine als besonders unterwanderungswert erachtet: Bremer SV, Kickers Emden, VfB Oldenburg, FC Bremerhaven, Lok Leipzig, FSV Zwickau – der Lieblingsverein der NSU-Kernzelle –, den ehedem jüdischen Verein VfL Halle 96, die nach außen hin stets linksliberal gerichtete Tennis Borussia in Berlin, dessen Präsident von 1965 bis 1987 Hans Rosenthal war, damals immerhin Mitglied im Zentralrat der Juden in Deutschland; Wormatia Worms kam ebenso hinzu wie die einst vom verstorbenen Walter Jens heißgeliebten Preußen in Münster, Sepp Herbergers fußballerische Heimat Waldhof Mannheim, der politisch bislang eher unverdächtige SV Darmstadt 98, der SSV Ulm sowie die sich offen zum *Netz-gegen-Nazis* bekennenden Stuttgarter Kickers. In rechtsradikalen Kreisen hieß es jahrelang, die großen Vereine in der ersten und zweiten Liga und die Traditionsvereine könne man kaum erreichen – oder man würde sofort die engagierten Fangruppen der Ultras gegen sich aufbringen.

Das allerdings hat sich seit dem Sommer 2012 grundsätzlich verändert. Viele Ultras distanzieren sich seitdem nicht mehr von den Neonazis – sie probieren es nicht einmal mehr. Mittlerweile versuchen die Rechten, sich auch in der Ultra-Szene erfolgreich festzusetzen. Deshalb bestätigte der brandenburgische Rechtsextremismus-Experte Günther Hoffmann Ende Januar 2013 im alternativen Fußballmagazin *Rund*: »Der Rechtsextremismus hat eine breite Akzeptanz gewonnen.« Besonders – und augenscheinlich mittels des Fußballs – in Brandenburg und Mecklenburg-Vorpommern. Die Zentrale Informationsstätte Sporteinsätze (ZIS) schätzt das »rechtsmotivierte Potential« in den gewaltbereiten Szenen der ersten und zweiten Bundesliga zwar lediglich mit statistisch erfassten 3,3 Prozent (!) ein, doch die immer disziplinierter auftretenden Rechtsradikalen werden sich hüten, durch öffentliche Prügeleien aufzufallen. Dazu noch einmal der Szenekenner Günther Hoffmann: »Die Rechten sind immer weniger erkennbar – die gestiefelten Glatzen spielen seit etlichen Jahren überhaupt keine Rolle mehr.« Gerade dort nicht, wo sie ohnehin schon in der Gesellschaft angekommen und akzeptiert sind. Im vorpommerschen Ueckermünde zum Beispiel hatte die NPD bei den letzten Landtagswahlen (2011) über 15 Prozent (!) der Zweitstimmen erhalten. Ein strategischer Erfolg, denn die rechten »Kameradschaften« hatten sich diesen Kreis als Experimentierfeld ausgesucht. Und weil dort im äußersten und eigentlich herrlich idyllischen Nordosten Deutschlands alles so wunderbar planmäßig funktioniert hatte, gilt diese Region – nebenbei bemerkt, Angela Merkels Heimat – der NPD und ihren Helfern nunmehr als Modell für die »Verankerung rechtsextremer Strukturen in der bürgerlichen Mitte« (Günther Hoffmann).

Welche Rolle dabei der Fußball spielt, beschreibt Hoffman im Magazin *Rund*: »Es gibt Vereine, in denen Einzelpersonen aktiv sind, mit gut organisierten Fans im Hintergrund.« Es gebe aber obendrein – und das ist entscheidend – gut vernetzte Grüppchen, die den Nachwuchs organisierten und dort nachhaltig agitierten.

Gabriel Landgraf, ein nicht nur in der Fußballszene bekannt gewordener Naziaussteiger und ehemaliger Betreiber des rechten Berliner Info-Portals, erklärt dazu, wie Anwerbung und Agitation vor sich gehen: »Zum Fußball hatten wir speziell die Jugendlichen eingeladen, die noch nicht gefestigt waren. Nach dem Spiel wurde gegrillt und Bier getrunken. Dann wurde aussortiert. Beim nächsten Mal wurden die Aussortierten erst ins Stadion, danach zu einer Demo mitgenommen. So funktioniert das heute noch.«

Beim Deutschen Fußball-Bund (DFB) sieht man das alles wohl eher etwas gelassener. Rechtsradikalität und Fußball? Nun mal ganz langsam mit den jungen Pferden. Umso erstaunlicher, dass DFB-Präsident Wolfgang Niersbach Ende April 2013 angesichts des NSU-Prozesses in München einen offenen Brief an alle 26000 Fußballvereine in Deutschland schrieb. Warum, wenn es doch zwischen Fans und Rechtsradikalen im deutschen Fußball gar keine Verbindungen gibt? Hier nun dieser Brief im Originalwortlaut und in voller Länge; wohlgemerkt handelt es sich nicht etwa um ein Zeitdokument aus dem Jahre 1933, als die Nazis in Deutschland begannen, für zwölf Jahre Fuß zu fassen, sondern um ein Schriftstück aus dem Jahre 2013.

Liebe Freunde des Fußballs,

es gehört zur besonderen Faszination und Stärke des Fußballs, dass er keine Unterschiede zwischen Kulturen, Religionen und Sprachen macht. Er schafft es jedes Wochenende, Millionen Menschen auf spielerische Weise zusammenzubringen. Fußball vereint. Und er gibt für jeden dieselben Spielregeln vor: einen fairen, toleranten, respektvollen Umgang miteinander.

Dass diese Werte in unserer Gesellschaft von einigen mit Füßen getreten werden, wird uns in diesen Tagen wieder erschreckend vor Augen geführt. Der bevorste-

hende NSU-Prozess macht auf schockierende Weise deutlich, dass rechter Terror und mörderischer Extremismus noch immer nicht komplett aus unserem Land verschwunden sind. Und er muss auch für unseren Fußball als Spiegelbild dieser Gesellschaft Mahnung sein, wachsam zu bleiben und geschlossen gegen jede Form von Diskriminierung einzutreten.

Wir alle wissen, dass rechte Gruppierungen auch den Fußball missbrauchen, um in anonymen Massen und juristischen Grauzonen ihre populistischen Parolen zu verbreiten. Und wir alle sind aufgerufen, etwas dagegen zu tun. Ob auf dem Trainingsplatz um die Ecke, im Vereinsheim oder auf der Zugfahrt ins Stadion – für Fremdenfeindlichkeit, für Rassismus, für Homophobie und jede andere Form von Diskriminierung darf im Fußball kein Platz sein.

Extremismus und Intoleranz haben nur dort eine Chance, wo weggeschaut und wo geschwiegen wird. Wir müssen deshalb genau hinhören, wenn Menschen auf und neben dem Platz wegen ihrer Hautfarbe, ihrer Herkunft oder ihrer sexuellen Orientierung beleidigt werden. Genau hinsehen, wenn diskriminierende Parolen auf Banner oder T-Shirts geschrieben werden. Und aufstehen, wenn andere verbal oder körperlich angegriffen werden.

Es gehört zur besonderen Faszination und Stärke des Fußballs, dass er keine Unterschiede zwischen Kulturen, Religionen und Sprachen macht. Dass er auf Fairness, Toleranz und Respekt basiert. Dieser Grundgedanke sollte in jeder Vereinssatzung unmissverständlich festgeschrieben sein, um Zeichen zu setzen und Handlungsmöglichkeiten gegen extremistische Einflüsse zu haben.

Der Fußball kann nicht alle gesellschaftlichen Probleme lösen. Aber gemeinsam können wir alle einen Beitrag dazu leisten, Rechtsextremismus und Diskriminierung in Deutschland ins Abseits zu stellen.

Ihr Wolfgang Niersbach

Es sei dahingestellt, ob dieser Brief wirklich etwas nützt oder dem DFB-Präsidium womöglich nur als Feigenblatt dient. In Berlin zum Beispiel, das müsste selbst dem DFB in Frankfurt zu Ohren gekommen sein, ist die Fanszene seit eh und je tief in den Nazistrukturen verwurzelt. Fast alle Fankneipen, das kann ein jeder nachprüfen, sind offene und regelmäßige Treffpunkte für Nazis. Im Umfeld des Berliner Fußball Clubs Dynamo e. V. – also des ehemaligen Stasi-Vereins, der einst mit zehn Titeln zum umstrittenen DDR-Rekordmeister wurde – organisieren sich seit jeher Rassisten, glühende Antisemiten und eben auch Nazis. Auch schon zu DDR-Zeiten. Es ist um den BFC Dynamo, man muss es leider so drastisch sagen, eine ganz und gar widerliche Szene entstanden. Einer der Höhepunkte der Dynamo-Gewalt – und den feiern einige Anhänger dieses Clubs in der fünftklassigen Oberliga Nordost noch heute – waren die Ausschreitungen am 3. November 1990 am Rande des Auswärtsspiels des BFC Dynamo beim FC Sachsen Leipzig.

Bei jenem Spiel wurde der Berliner Fan Mike Polley von einer Polizeikugel tödlich getroffen, weitere fünf Personen durch die Polizei verletzt. Die Ereignisse um den Tod von Mike Polley gelten noch immer als Gipfel einer ganzen Reihe von Krawallen durch Fangruppen verschiedener Vereine, deren Aktionen die Polizei bis heute nicht gewachsen ist. Die Ermittlungsverfahren gegen zehn damals daran beteiligte Polizeibeamte wurden 1991 bedauerlicherweise eingestellt. Anschließend sah die deutsche Fußballszene mehr als bedrohlich aus. In jener Zeit wagte es der DFB nicht, das für Mitte November 1990 geplante Vereinigungsländerspiel der beiden deutschen Nationalmannschaften im Leipziger Zentralstadion auszutragen. Es fand auch zu keinem späteren Zeitpunkt statt. »Besser so, wenn man bedenkt, welches gefährliche Umfeld dieses Spiel hätte erhalten können«, kommentierte Wolfgang Rothenburger, Chefredakteur des *fußball-magazins,* in der Dezemberausgabe 1990. Dessen ungeachtet trägt der stets von gewaltbereiten Fans begleitete Berliner Club BFC Dynamo seit vielen Jahren – meist im August – sein Gedächtnisturnier für Mike Polley aus.

Ein anderer ostdeutscher Traditionsverein befindet sich ebenfalls seit Jahren im Fadenkreuz polizeilicher Beobachtungen und Ermittlungen; obgleich er längst nicht mehr zu den deutschen Spitzenclubs zählt: Dynamo Dresden, der Heimatverein von Bayern-Sportdirektor Matthias Sammer. Dynamo Dresden wird unter anderem auch beobachtet, weil der ehemalige DDR-Vorzeigeverein ähnlich dem FC St. Pauli in der Partnerstadt Hamburg längst Fans in ganz Deutschland hat, von denen viele gern mal zweihundert Kilometer mit dem Auto fahren, um ein Heimspiel dieses sächsischen Vereins vor Ort mitzuerleben. Die meisten von ihnen sind allerdings sogenannte Exil-Sachsen, die einfach an ihrer Heimat und an ihrem Heimatverein hängen und nicht unbedingt Krawall schlagen wollen. Aber auch deshalb ist Dynamo Dresden mit inzwischen 14 000 Mitgliedern der größte Verein in den neuen Bundesländern. Dennoch: Dass Dynamo Dresden die Gewalttäter geradezu magnetisch anzieht, bleibt eine Tatsache, die schon zu DDR-Zeiten nicht viel anders war. Wer will, kann in den einschlägigen Dresdner Fußballkneipen heute all jene Endfünfziger treffen, die noch immer von der »Schlacht mit Belgrad« schwärmen. Für alle Jüngeren und alle Nicht-Dresdner sei erklärt, um was es dabei geht: Mit 3:0 hatte Roter Stern Belgrad im Jahr 1991 das Hinspiel im Viertelfinale des Europacups – welcher der jetzigen Champions League entspricht – gegen Dresden gewonnen. Das Rückspiel in Dresden stand daraufhin im Zeichen heftigster gewalttätiger Randale und musste vom spanischen Schiedsrichter Emilio Soriano Aladrén beim Stand von 1:2 sogar abgebrochen werden. Von der Dresdner Fankurve aus hatte es zuvor Wurfgeschosse und Feuerwerkskörper gehagelt, die größtenteils auf dem Spielfeld gelandet waren. Die Polizei setzte Wasserwerfer gegen die randalierenden Fans ein, das Spiel wurde schließlich mit 3:0 für Belgrad gewertet. Die UEFA, der europäische Fußballverband, schloss Dynamo Dresden seinerzeit für zwei Jahre von allen europäischen Wettbewerben aus. Heute rekapitulieren die einstigen Randalierer offenherzig, es sei ihnen immerhin gelungen, ihre Söhne für ihr Hobby derart zu begeistern, dass diese es nahtlos übernommen hätten. Als gewaltbereite Hooligans, möchte man hinzufügen. Das ist die eine Seite. Die andere beschreiben Beamte des sächsischen Landeskriminalamtes (LKA) ganz und gar ohne romantische Verklärung und ungemein nüchtern, wenn sie darüber Buch führen, wie und warum sich die Verzahnungen zwischen den Dresdner Fans und dem kriminellen sächsischen Milieu – das vom tschechischen schon wegen seiner geographischen Nähe nicht ganz zu trennen sei – von Jahr zu Jahr stärker verfestigt haben. Des Weiteren notierten sie, dass sich dahinter ein dichtes Netzwerk verberge, welches sich bevorzugt aus dem Türsteher- und Neonazimilieu sowie aus Handwerkerkreisen rekrutiere, wobei Letzteres besondere Sorgen bereite.

Wie es zugeht, wenn Dresdner Fans ein Stadion stürmen, verdeutlicht ein Protokoll vom 1. November 2012, das eine Polizistin am Tag nach dem Pokalspiel Hannover 96 gegen Dynamo Dresden verfasst hat. Vorab sei noch erklärt, dass die Polizei vorgewarnt worden war, offenbar von V-Leuten. Schließlich hatten sich etwa 10000 Dresdner Fans angekündigt, darunter, so wurde erwartet, mindestens 500 gewaltbereite Schläger. Waren unter den Fans auch Söhne der Täter von 1991? Deshalb hatte die Polizei immerhin 1500 Beamte aufgeboten; zu Pferde, zu Fuß, mit Wasserwerfern, Hunden und mit Schlagstöcken rückten sie an. Hier nun die Auszüge aus dem polizeilichen Protokoll vom 1. November 2012 und einige Aussagen von Beamten:

19 Uhr: Die Dynamo-Fans erreichen die AWD-Arena (gemeint ist das Stadion von Hannover 96 am Maschsee, also das frühere Niedersachsenstadion; Anm. des Autors). Vor den Einlasskontrollen machen 1400 Fans Druck auf die Eingänge.

Ein Polizeisprecher sagt: »Das ist deren Taktik. Darauf waren wir vorbereitet, konnten es aber nicht verhindern.«

19.30 Uhr: Es kommt zu ersten Ausschreitungen. 300 Dynamo-Fans überlaufen Ordner und Polizisten – mehrere Beamte werden verletzt. Presse-Fotografen werden massivst bedroht.

19.40 Uhr: 300 Dynamo-Fans durchbrechen einen Zaun, gelangen ins Stadion. Die Lage eskaliert – schwere Ausschreitungen. Die Polizei setzt Pfefferspray ein, riegelt alle Tore ab.

20 Uhr: Im Stadion versuchen 150 hannoversche Anhänger, den Dresden-Block zu entern. Die Polizei kann die Chaoten stoppen.

20.30 Uhr: Anpfiff. Pyros (Blitzknaller oder auch Blitzböller; ob mit oder ohne Vorbrenner – man kann sie leider jederzeit im Internet bestellen; Anm. des Autors) brennen auf beiden Seiten.

Eine Polizistin notiert: »Noch nie habe ich so viel Aggression bei einem Spiel erlebt. Ich hatte zum ersten Mal bei einem Einsatz Todesangst.«

Ein übles Spiel mit entsprechendem Nachspiel. Am 10. Dezember 2012 schloss das DFB-Sportgericht Dynamo Dresden vom DFB-Pokal 2013/14 aus, eine Berufung der Dresdner im März 2013 wurde abgelehnt. Damit bleibt Dynamo Dresden bis heute der erste Verein, der aus dem deutschen Pokalwettbewerb ausgeschlossen wurde – eine Spitzenreiterposition mit Nachhall.

Gewiss, Dynamo Dresden ist ein Verein besonderen Kalibers. Trotz allem wird eben nicht nur in Dresden nach Fußballfans gefahndet, die – einfach mal so – den Paragraphen 130 des StGB überschreiten. Wohl auch, weil sie gar nicht wissen, um welche Vergehen es sich dabei handelt. Dieser Paragraph betrifft schlichtweg das Thema Volksverhetzung, die oftmals mit der Leugnung des Holocausts einhergeht. Den Holocaust zu leugnen, fällt so manchem, vor allem jugendlichen Fußballfan, jedoch nicht besonders schwer. Das ergaben nicht nur eigene Recherchen. Auch das hessische Ministerium des Innern und für Sport in Wiesbaden sieht in diesem Zusammenhang »Problempotential« unter den Anhängern folgender hessischer Fußballvereine: Frankfurter SV, Kickers Offenbach, SV Wehen Wiesbaden, SV Darmstadt – und, im Vergleich mit deren Anhängern sogar überproportional eingeordnet, beim hochrenommierten Bundesligaclub Eintracht Frankfurt.

Die *Jüdische Zeitung* aus Berlin erörterte dies am 2. Mai 2013 folgendermaßen: »Bis in die Gegenwart bleibt der Fußball nicht von Rassismus und Antisemitismus verschont. Teils rassistisch motiviert, teils aus Dummheit und Geschichtslosigkeit, wird die Eintracht aus Frankfurt bis heute als ›Judenklub‹ bezeichnet, da sich das jüdische Sponsorentum für diesen Verein in den 1920er Jahren im Bewusstsein sogenannter Fans erhalten hat. Jugendspieler werden zuweilen als ›Judebubben‹ beschimpft, oder bei Derbys wird unmissverständlich gerufen: ›Zyklon B für die SGE!‹« Also für die Sportgemeinde Eintracht, wie dieser Club in Frankfurt auch genannt wird. Weiter heißt es in dem Bericht: »Bekanntermaßen war Ignatz Bubis (der 1999 verstorbene Vorsitzende des Zentralrates der Juden in Deutschland; Anm. des Autors) erklärter Eintracht-Fan, der gleichwohl bitter erfahren musste, dass es auch in ›seinem‹ Verein Rassismus und Vorurteile gab. Von der Tribüne des einstigen Waldstadions musste er mit anhören, dass aus dem Fanblock ›Schiri nach Auschwitz!‹ skandiert wurde. Als der DFB 1992 einen Bundesliga-Spieltag dem Kampf gegen Fremdenfeindlichkeit und Ausländerhass widmete, erhielt auch die Jüdische Gemeinde 150 Freikarten zum Spiel Eintracht Frankfurt gegen den HSV. Bald erhielt Bubis einen Anruf von der Präsidentensekretärin, die sich bei ihm darüber beklagte, dass seine ›Landsleute‹ die Tickets noch nicht abgeholt hätten. Darauf Bubis: ›Das kann nicht sein. Ich habe gerade in der Zeitung gelesen, dass 30000 Karten von meinen Landsleuten schon im Vorverkauf erworben wurden.‹« Selbstverständlich verstand sich der Frankfurter Bubis als Deutscher, als was sonst?

Rassismus, Rechtsradikalismus und Eintracht Frankfurt – das scheint bedauerlicherweise noch immer zusammenzugehören. Übrigens auch in Dortmund, beim in den letzten vier Jahren sportlich so erfolgreichen BVB. Dort, an der Schnittstelle zwischen Ruhrpott und Westfalen, scheint sich zu wiederholen, was sich schon in den frühen 1970er Jahren abgespielt hatte. Das hervorragende Fußballmagazin *Elf Freunde* hat dazu am 27. Januar 2013 eine glänzende Reportage veröffentlicht, die man ihrer Klarheit wegen einfach zitieren muss: »›SS-Siggi‹ ist am Apparat. Nordrhein-Westfalens berühmtester Neonazi hat tatsächlich zurückgerufen. Gleich wird er erzählen, welche Rolle er bei dem spielt, was gerade in seiner Heimatstadt Dortmund passiert. In den Achtzigern war Siegfried Borchardt, 59, Mitbegründer der berüchtigten ›Borussenfront‹, der Keimzelle aller prügelnden Fußballnazis. Die ›Borussenfront‹ galt eine Weile als ausgestorben, worüber sich Siggi köstlich amüsiert. In Wahrheit hätten die sich früher von Stadionverbot zu Stadionverbot prügelnden Nazi-Hooligans nie aufgehört, sich zu spontanen Schlägereien zu treffen. Zu seinen besten Zeiten wurde Borchardt mehrfach verurteilt, weil er nach BVB-Spielen mit seinen Leuten Türken in der Nordstadt jagte, und auch heute ist

Dortmund ein Schwerpunkt der rechten Szene in Deutschland und gilt im Fußball als neue Hauptstadt der Bewegung.« Borchardt ist, wie auch seine Dresdner »Kollegen«, überaus zufrieden mit den Jungen, die nun mit ihren Mitteln das fortführen würden, was er einst angefangen hat. Da hilft es also gar nicht, wenn das Problem der Rechtsradikalität in deutschen Fußballstadien weiterhin allzu gern als hauptsächlich ostdeutsches Problem dargestellt wird. *Elf Freunde*: »Von der Politik, vom DFB und von der Polizei – dieser einfältigen und oft auch heuchlerischen Dreifaltigkeit.«

Inzwischen ist die Dortmunder Naziszene längst die größte und auch die mächtigste in ganz Deutschland geworden. Die Verbindungen zu den »Autonomen Nationalisten« und anderen rechten »Kameradschaften« sind zwar belegt, leider aber nicht die Hinweise aus dieser Szene, dass sich auch der in den Freitod gegangene NSU-Terrorist Uwe Mundlos hin und wieder in ihr aufgehalten habe. Gerüchten nach sei er dabei sogar fotografiert worden, obgleich die Dortmunder Sicherheitsbeamten mit diesen Fotos nichts hätten anfangen können, weil sie darauf nur lokale Nazigrößen identifizieren konnten. Rechtsradikalismus und Fußball in den alten Bundesländern ist in der Tat kein Problem von gestern, auch wenn es gern als solches bagatellisiert wird.

Die Statistiken der Zentralen Informationsstätte Sporteinsätze (ZIS) in Düsseldorf sind gleichermaßen interessant. Wer sich durch das ZIS-Zahlenwerk kämpft, kann darin abermals einen Trend zum Rechtsradikalismus im Fußball feststellen. Seit 1994 wird hier die Datei »Gewalttäter Sport« geführt, am 9. März 2012 wurden in ihr 13 032 Personen festgehalten. Übrigens haben sowohl der DFB als auch dessen Vereine keinen Zugriff auf diese Datei. Die ZIS teilt die in ihrer Datei aufgeführten Personen in drei Kategorien auf: Die Kategorie A enthält den »friedlichen Fan«, die Kategorie B den »gewaltbereiten Fan« und die Kategorie C den »gewaltsuchenden Fan«. Der Trend: In der Saison 2011/12 summierten sich die Personen in den Kategorien B und C (1. und 2. Bundesliga) auf insgesamt 11 373 Personen, in der Saison zuvor waren es mit 9865 weit weniger. Eine Trendwende ist – hochgerechnet auf 2013 und 2014 – nicht zu erkennen; vielmehr wird deutlich, dass sich die Spirale der Gewalt immer schneller dreht. Wie ein Perpetuum mobile der Brutalität.

KAPITEL 6

Die Neonazis und die DDR

Hooligans fallen nicht vom Himmel

Seit Herbst 2012 beobachtet der sächsische Verfassungsschutz in Dresden Fangruppen des Regionalligavereins Lok Leipzig, und ein Ende ist noch lange nicht abzusehen. Gegenüber der *Leipziger Volkszeitung* erklärte Verfassungsschutzsprecher Alrik Bauer am 19. August 2012, warum man ausgerechnet auf diese Fußballfreunde ein wachsames Auge geworfen habe: weil deren Nähe »zum Umfeld der NPD« bekannt und deshalb seit langem dokumentiert sei. Im schönsten Beamtendeutsch heißt es da, die Lok-Anhänger hätten sich schließlich auch mit »Rufen, wie ›Sieg Heil‹ und ›Solidarität mit NSU‹ verdächtig gemacht«. So manche Leipziger Fangruppierung gleiche förmlich einer »rechtsextremistischen Kameradschaft«. Angesichts dieser Unbekümmertheit, muss man sich fragen, ob die Damen und Herren vom Verfassungsschutz allen Ernstes nur leeres Fußballgerede und gesittete Freibierrunden erwartet haben.

Im benachbarten Thüringen gründeten NPD-Mitglieder gleich selbst 25 Jugendfußballvereine, im Bundesland Brandenburg wiederum veranstalten rechtsextremistische Kameradschaften sogenannte freie Turniere. An diesen

Fußballveranstaltungen, die weder vom Deutschen Fußball-Bund (DFB) noch vom zuständigen Landessportbund ausgerichtet werden, nehmen gelegentlich auch Mannschaften teil, die nicht zum rechten Spektrum gehören. Die FDP des Landes Brandenburg, so wurde aus deren Geschäftsstelle vermeldet, reagierte empört, was die Rechten jedoch kaum erschütterte, da sie es ohnehin kaum zur Kenntnis genommen hatten.

Nun glaube bitte niemand, die Nazi-Hooligans seien mit dem Fall der Mauer – aus dem »bösen« Westen – in die ehemalige DDR gestürmt; ins einstige Paradies der klassenlosen Arbeiter und Bauern, um dieses dann kräftig aufzumischen. Die Nazis waren längst da, schon seit den 1970er Jahren. Was heutzutage als skurrile Fußnote der DDR-Geschichte erscheint, zeigt deutlich auf, dass sich mit dem Untergang der DDR die Befürworter dieses Systems eingestehen mussten: Ihr Traum von einer umfassend gebildeten sozialistischen Persönlichkeit war letztlich unerfüllbar geblieben.

In dem Buch *Stadionpartisanen*, herausgegeben von Frank Willmann, einem Berliner Publizisten, der selbst in der deutschen Autorennationalmannschaft Fußball spielt, steht zu lesen: »1990 verschwand ein deutscher Staat, dessen Arbeiter- und Bauernsöhne, behütet vom ›anti-imperialistischen Schutzwall‹, nach Frieden und Fortschritt strebten. Tadellos gescheitelte Jünglinge, Mädchen in blauer Bluse, Vorstreiter und Visionäre einer glückseligen Weltjugend. Gütige Mutter die Partei … doch die Alte wurde hässlich. Die Söhne dagegen flügge: Jeans, Tramper, Parka, lange Loden. Später Zotteln ab und Stahlkappengedröhn. Auf ›Aufbau‹ keinen Bock, sangen sie nonchalant: ›Zwei Apfelsinen im Jahr, zum Parteitag Bananen, alle brüllen hurra, der Kommunist ist da!‹ Beim Fußball bekam die Kuh so richtig vor'n Kopp – und der Rest auf die Fresse. In Berlin, Dresden, in Halle, Jena, Leipzig, Magdeburg, Rostock ... Hinter der Mauer raste der Mob. Wir waren rechts, links, Punk, Hippie, Skinhead. Wir waren direkt und provozierend, lieb und böse, verliebt und besoffen.«

Das alles mussten die Fußballfunktionäre der DDR, die Volkspolizisten und Staatsanwälte eigentlich schon viel früher gespürt haben, als sie öffentlich zugegeben hatten; spätestens Anfang der 1980er Jahre. Deshalb beschäftigte man sich auf einer Tagung am 30. Oktober 1985 in Ostberlin endlich explizit – wenn auch zu spät – mit den rechten Fangruppierungen in der DDR. Als Spitzenreiter aller Randalierer wurde der 1. FC Union Berlin geführt, ein Verein aus Köpenick, der heute überall in Deutschland als Kultclub gilt. Besonders ins Visier der DDR-Sicherheitskräfte gerieten Mitte der 1980er Jahre die Fans des 1. FC Magdeburg, der BSG Chemie Leipzig, des 1. FC Lokomotive Leipzig und – man lese und staune – des Stasi-Vereins BFC Dynamo Berlin. Gelobt wurden an jenem 30. Oktober 1985 hingegen die Fans der Vereine ASK Vorwärts Frankfurt (Oder), Stahl Riesa und 1. FC Karl-Marx-Stadt. Dort sei es nur zu »verhältnismäßig wenig zugeführten Personen« gekommen, so die damalige Bezeichnung für Verhaftungen und Verhöre im amtlichen Jargon der Volkspolizei.

Wie ernst es zwischen Fußballfans und Volkspolizei wirklich zuging, schilderte der hallesche Autor und Dramaturg Ole Giec am 6. September 2011 im Berliner *Tagesspiegel*: »Auf dem Weg zum Stadion schallte der Gesang von den Häuserwänden wider. Rot wie Blut, weiß wie

Schnee, wir sind die Fans vom HFC. Kurz vor dem Markt von Halle stießen wir auf eine Gruppe Volkspolizisten. Flaschen flogen aus der Menge. Polizisten suchten Deckung. Eine Flasche traf ein Nasenbein. Aus einer Seitenstraße stürmte Bereitschaftspolizei. Mit Knüppeln gingen sie auf die Fans los. Die Masse geriet in Panik. An einem Bordstein stolperte ich, ging zu Boden. Schuhe und Schienbeine trafen mich im Gesicht. Mein Herz drohte vor Angst auszusetzen. Pisse lief an meinem Schenkel herab … Ich klammerte mich an jemandem fest, dessen Herz wahrscheinlich ähnlich raste wie meins. Er wollte mich abschütteln und schlug mit den Fäusten nach mir. Ein Trupp Männer, keiner älter als zwanzig Jahre, schob sich den flüchtenden Fans entgegen. Vorweg stürmte ein Mann mit Sonnenbrille und dunkler Kleidung. Entschlossen griffen sie die Knüppelschwinger an. Die Masse kam zum Stillstand. Ich kam endlich auf die Beine und schaute verblüfft zu, wie der Trupp die Uniformierten in die Seitenstraße zurückdrängte.« Vor wem flüchteten die Uniformierten? Vor verkleideten Stasi-Spezialisten oder vor Hooligans?

In den Notizen des Polizeigenerals Friedhelm Rausch vom 30. August 1985 in Berlin werden solche und ähnliche Ereignisse wiederum völlig anders interpretiert: »Natürlich sind die Vorkommnisse in und um die Stadien in der DDR keinesfalls zu vergleichen mit der grausamen Eskalation von Gewalt und Brutalität im öffentlichen Leben und besonders im Zusammenhang mit dem Fußball kapitalistischer Länder.« Darin spiegele sich – selbstredend – jene »Wesensfremdheit« wider, die den DDR-Fan nun einmal klar von seinem kapitalistischen Pendant abhebe, lautet die offizielle Lesart von damals. Was Rausch nicht sagte, aber gewusst haben muss: Viele DDR-Hooligans schlugen sich als Neonazis auch im Nicht-Fußballalltag mit dem Arbeiter- und Bauern-Paradies herum: »Scheiß Osten!«, brüllten sie lautstark oder forderten, weil allzeit beliebt: »Stasi raus!« Gegen diese Gewaltszene fand der DDR-Staatsapparat nie wirklich effektive Mittel. Dabei hatte man eigentlich viel Zeit, die Andersdenkenden in den Griff zu bekommen – vorausgesetzt, man wollte es.

Bereits in den Jahren 1978 und 1979 registrierte die »Hauptabteilung XX« des Ministeriums für Staatssicherheit (MfS) in Ostberlin insgesamt 188 Fälle von schriftlicher staatsfeindlicher Hetze mit »faschistischem Charakter«. Notiert auf dem Fußballplatz. Mitte der 1970er Jahre hat es in der DDR – unter den Augen des MfS und meist ungeahndet – sogar Hitlergeburtstagsfeiern gegeben wie beispielsweise bei der »SS-Division Walter Krüger Wolgast« an der Ostsee, einer faschistoiden Gruppe, die genau genommen ihre Tätigkeit erst nach dem Mauerfall endgültig eingestellt hat. Alle schienen zu DDR-Zeiten weggeschaut zu haben. Sogenannte Schwulenklappen, bedeutet öffentliche Toiletten, in denen vorwiegend Homosexuelle verkehrten, wurden überfallen – und niemanden interessierte es. An sowjetischen Ehrenmalen fanden sich seinerzeit Hakenkreuz-Schmierereien. So etwas hatte natürlich einen politischen Hintergrund. In dieser Zeit ließ sich europaweit ein neues Phänomen beobachten: Bei Sportveranstaltungen, vor allem im Fußball, mehrten sich die Ausschreitungen randalierender Fans. Zuerst in Westeuropa, von Großbritannien ausgehend, schwappte die Welle alsbald nach Osteuropa über, natürlich auch in die sorgsam abgeschirmte DDR. In den 1970er Jahren kam es auch dort zu rechtswidrigen, teils sogar deutlich staatsfeindlichen Gewalthandlungen. Konnte oder wollte man seitens der DDR-Führung nichts dagegen unternehmen, da die Menschen der Mauer ja ohnehin nicht entfliehen konnten?

Das Problem lief von Jahr zu Jahr mehr aus dem Ruder. Kleidungsstücke und entsprechendes Propagandamaterial kamen regelmäßig aus dem Westen, ebenso logistische Tipps. Zwar unter der Hand, doch meistens direkt von westdeutschen Naziorganisationen. Die berüchtigte »Nationalistische Front« (NF) unterstützte zum Beispiel gezielt den Fanblock des Stasi-Fußballvereins BFC Dynamo Berlin, während sich die »Jungen Nationalen« (JN) aus der Bundesrepublik auf die Seite der Köpenicker Anhänger von Union Berlin schlugen. Die beliebtesten Fansongs in diesen DDR-Fanclubs müssten zumindest jene Genossen rasend gemacht haben, die dafür nichts übrig hatten – dennoch blieb alles ruhig. Da wurde öffentlich gesungen: »Wir machen Judenverbrennung«, oder: »Gib Gas, gib Gas, wenn er durch die Gaskammer rast.« Weder die Fans noch die Polizei reagierten darauf.

Bernd Wagner, Kriminalist und erfahrener Experte für Rechtsextremismus, vertritt wohl auch deshalb in seiner Studie *Rechtsextremismus und kulturelle Subversion in den neuen Ländern* die Kernthese, den dortigen Rechtsextremismus könne man heute nur verstehen, wenn man die Entwicklung vor 1989 in seine Beurteilung mit einbeziehe. Folgt man Wagner, gab es in der DDR vier Stufen der rechtsradikalen Entwicklung, die ohne Fußball gar nicht denkbar gewesen wären. Schon in der ersten Phase – 1980 und 1981 – sei es in der Jugendszene zu gewalttätigen Auseinandersetzungen gekommen. Allerdings stand man sich dabei ideologisch (noch) nicht feindlich gegenüber. In der 2. Phase – 1982 und 1983 – ging das Gewaltmonopol in der Jugendszene bereits auf die Skinheads über. Als Disziplinierungsinstrument und darüber hinaus zur Eroberung gesellschaftlicher Räume. Dafür steht dieses Beispiel: Am 28. Februar 1982 kam es nach dem Fußballspiel Motor Hennigsdorf gegen den 1. FC Union Berlin offen zu antisowjetischen Ausschreitungen, als auf dem Bahnhof in der Nähe des Fußballplatzes ein sowjetischer Militärtransporter stoppte. Erst ertönten Buh-Rufe, dann der Gesang: »Adin, dwa, tri – Russkis werden wir nie.« Schließlich ging ein Hagel von Steinen über die sowjetischen Soldaten nieder; eines ihrer Militärfahrzeuge wurde dabei restlos zerstört. Aktionen, die nicht in der Zeitung standen, sich aber herumsprachen – und den Skinheads und Fußballfans nicht nur bei anderen Jugendlichen, sondern auch bei vielen älteren Menschen eine ganze Menge Sympathie einbrachten.

Es ist davon auszugehen, dass man – bis hinauf ins SED-Politbüro – von alledem wusste. Denn es gibt aus dieser Zeit eine entsprechende Aktennotiz der »Hauptabteilung Kriminalpolizei«, angefertigt in Ostberlin. Darin steht: »Seit 1981 treten sichtbare Elemente nationalsozialistischer und neofaschistischer Ideologie in Erscheinung. Den Personen galt als Symbol des Angriffsziels – faule, stinkende, anarchistische Punks, Ausländer, Grufties, Homosexuelle und Menschen jüdischen Glaubens bzw. ihre Objekte. Im Feld weitestgehenden öffentlichen Schweigens entfalten Skinheadgruppen ein sendungsbewusstes Eigenleben, gekennzeichnet von erfolgreichem Bemühen um Anhangsgewinn und den Aufbau konspirativer Strukturen.« Als Antwort der rechten Szene erfolgte 1983 die Gründung faschistischer Kadergruppen, wie der berüchtigten »Wehrsportgruppe Bitterfeld«.

In der 3. Phase – in den politisch und wirtschaftlich besonders problematischen Jahren 1985 und 1986 – lag den Übergriffen der oft jugendlichen Gewalttäter sodann ein klar ideologisiertes Feindbild zugrunde: es ging gegen Ausländer, Homosexuelle, Anhänger der Gothic-Szene und Punks. Manch einer wird sich noch daran erinnern, dass es Mitte der 1980er Jahre, also zu DDR-Zeiten, immer öfter zu Gewaltausbrüchen gegen dunkelhäutige Ausländer kam; bevorzugt in Eberswalde, Dresden, Berlin, Cottbus, Görlitz und Königs Wusterhausen. Darüber gab es Erkenntnisse seitens der Polizei und der Stasi, aber dabei blieb es meistens. Man verhielt sich auf staatlicher Seite geradezu auffällig ruhig. Also nahmen die Dinge ihren Lauf. 1986 riefen ausgerechnet Berliner Dynamo-Hooligans erst die »Lichtenberger Front« und 1988 auch noch die »Bewegung 30. Januar« ins Leben – mit regem Kontakt zur Freiheitlichen Deutschen Arbeiterpartei (FAP), einer damals als rechtsextremistisch eingestuften Partei in der Bundesrepublik. Ost- und westdeutsche Rechtsextremisten standen zu jener Zeit längst in ständigem Kontakt. Andreas Pohl, seinerzeit selbsternannter »Ortsgruppenführer Berlin« der westdeutschen »Nationalistischen Front« (NF) und auch Christian Franke, Mitglied der NF und im Hertha-Fanclub »Endsieg« (!) in Westberlin, waren regelmäßige Besucher der Heimspiele des Stasi-Vereins BFC Dynamo in Ostberlin. Im berüchtigten *Klartext*, dem damaligen Informationsblatt der NF, schrieb Pohl 1987 von einem »ersten Bündnis der Freundschaft, dass sich leider, bedingt durch die Mordmauer, nur in Besuchen unsererseits« ausdrücke. Die Westberliner Neonazis und ihre Ostberliner Kameraden – sie hingen zusammen wie Pech und Schwefel. Ob nun das *Groß-Berliner*

Szene Magazin oder die sogenannte *Stimme der Reichshauptstadt*, das *Preußen-Echo* oder die gnadenlose *Berliner Beule* – all diese rechtsradikalen Erzeugnisse berichteten regelmäßig über ihre Besuche bei den Spielen der DDR-Oberliga.

Eine Wende zum Schlimmeren markiert in der 4. Phase nach Bernd Wagner das Jahr 1987. In seinen Aufzeichnungen kommt er zu dem Schluss: »Die Gruppenstruktur und die Aktivität der Gruppe wurde durch Führer, intelligente Führungskader, die die Gruppenmitglieder befehligten, geprägt.« So »wesensfremd«, wie die Mitglieder des SED-Politbüros Derartiges empfinden mussten, war es also im Grunde gar nicht. Trotz alledem wurden sie in dieser Ansicht noch bestärkt, da das typische Provokationspotential von einigen DDR-Wissenschaftlern lediglich als übliches »Mannbarkeitsritual« bagatellisiert wurde. Eine Entwicklungsstufe im Leben, die auch ein sozialistischer Mensch durchmache, behaupteten einzelne Biologen nüchtern. Dass man es in diesem Alter, mit 16, 17 oder 18 Jahren, mit der Geschichte und der politischen Definition nicht allzu genau nahm, illustrieren auch einige Episoden in der damaligen DDR. Bei einem Fußballspiel am 17. Oktober 1987 in Halle an der Saale wurden die Ordner als »SS-Schweine« beschimpft. Gleichzeitig aber zeigten ihnen die halleschen Fußballfans den Hitlergruß und entboten ihnen ein kerniges »Heil Hitler«. Ja, wie denn nun?

Ähnlich verwirrend auch das Zusammentreffen Leipziger und Magdeburger Radikaler am 3. Dezember 1988 in Großkorbetha bei Halle, nach dem Spiel Rot-Weiß Erfurt gegen den FC Magdeburg. Nachdem der Volkspolizei eine Aufteilung in zwei Lager misslungen war, beschimpften beide Fangruppen vereint die Polizisten aus Halle als

»Judenschweine«. Vor dem Spiel Dynamo Dresden gegen den halleschen FC Chemie am 12. August 1989 notierte das Protokoll der Volkspolizei »über längere Zeit« antisemitische Gesänge, wie zum Beispiel: »Judensäue im Sachsenland, heut werdet ihr abgebrannt.« Unterschiede zwischen den einstigen Opfern und Tätern im Dritten Reich wurden entweder selten oder gar nicht gemacht. Oder gab es unter den Jugendlichen in den späten 1980er Jahren eventuell eine latent antisemitische Haltung? Einiges deute darauf hin, sagen Wissenschaftler heute, was aber schwer zu belegen sei.

Entscheidend war letztlich eine andere, eine klare politische Variante: »Es kam zu ersten regelmäßigen Kontakten zwischen ostdeutschen Rechtsextremisten mit westdeutschen Parteien. Schon 1989 gab es ein DDR-weites funktionierendes kommunikatives Netzwerk. Die meisten Kreis- und kreisangehörigen Städte der DDR hatten 1989 Naziszenen etwa in der Stärke von fünf bis fünfzig Personen«, sagt Wagner. Und das, obwohl die Staatspartei SED bereits kurz nach der Gründung der DDR im Jahre 1950 vollmundig erklärt hatte: »In der DDR sind die Wurzeln des Rechtsextremismus ausgerottet worden.«

Ein großer Irrtum, denn die Nazis waren nie weg und bedienten sich des Fußballs überdies als steten Transferriemen. Nachdem die DDR-Führung 1961 die Westberliner eingemauert hatte, sangen die Fans des 1. FC Union im Ostberliner Stadtteil Köpenick 1966: »Fußball in der Mauerstadt, Union spielt hinter Stacheldraht.« Und besonders gern auch: »Der BFC ist jetzt der Herr – Zyklon B für Scheiß Union – in jedem Stadion ein Spion – selbst Ordner sind in der Partei – Deutschland, Deutschland, alles ist vorbei.«

Im Nachhinein ergab eine wissenschaftliche Analyse des Ministeriums für Staatssicherheit (MfS), dass die Mitglieder der rechten DDR-Szene zu 78 Prozent Arbeiter und Lehrlinge waren. Die Klassenzugehörigkeit der Eltern war zu 47 Prozent die Arbeiterschicht. Eine Analyse, die – wäre sie zu DDR-Zeiten bekannt geworden – alle Hoffnungen des Politbüros auf die Entwicklung eines sozialistischen Menschenbildes zerstört haben müsste. Darüber hinaus hätte es einer solchen Analyse eigentlich gar nicht bedurft. Denn als Gründe für ihre rassistische Haltung gaben die rechten Fußballfans und Hooligans jene an, die sie heute noch nennen: »Ausländer nehmen uns Wohnraum weg, reduzieren durch spekulative Käufe das Warenangebot, schleppen Aids ein, behandeln jede Frau wie eine leicht käufliche Prostituierte, spielen mit ihrem Geld den dicken Max, ohne dafür ein wirkliches Äquivalent erbracht zu haben; sind auf Krawall und Randale aus. Ihnen wird in der Öffentlichkeit und in den Arbeitsstätten allerorts Zucker in den Hintern geblasen.«

Wie gesagt, an diesem Gedankengut hat sich bis heute kaum etwas geändert – allenfalls an manchen Formulierungen, und das wohl auch nur, weil sich mit der Jugendsprache auch das Vokabular der Rechtsradikalen verändert. Es passt sich ganz einfach dem Puls der Zeit an. Unter Wissenschaftlern bleibt umstritten, was die DDR-Jugendlichen – und warum ausgerechnet über den Fußball – in die Rechtsradikalität getrieben haben könnte. Beteiligte von damals sehen in diesem Phänomen im Nachhinein eine ernsthafte Hinwendung zur Rechtsradikalität und erinnern sich, allerdings nur in Einzelfällen, auch an entsprechende klar ideologische Manifestationen. Andere wiederum vermuten im Fußballfanmilieu der späten DDR sogar eine Art Vorreiterrolle für den heutigen organisierten Rechtsextremismus in den neuen Bundesländern. Aus praktischer Sicht gab es außerhalb der Fußballfanvereinigungen nämlich kaum ähnliche Strukturen in der DDR für Treffen unter Gleichgesinnten. Das Umfeld von Fußballspielen in der DDR-Oberliga bot dafür hingegen eine geeignete Plattform; gleiches gilt für die Ligen darunter. Einige sind der Meinung, hinter allem verbarg sich – obendrein in Verbindung mit dem passenden Skinhead-Outfit – bloße Provokation, um aufzufallen, koste es, was es wolle. Gewissermaßen als Pendant zur ebenfalls provokativen Punkszene.

Indes gibt es noch eine andere Möglichkeit. Im Fußballstadion, zu dieser These neigen nicht wenige Soziologen, bestehe für junge Menschen nun einmal die Chance, zu einer Art »positiven Identität« zu gelangen. Viele von ihnen entwickeln aufgrund der Siege »ihrer« Mannschaft ein stolzes Selbstverständnis. Der französische Kulturanthropologe Arnold van Gennep hat das alles in seinen Theorien über *Übergangsriten (Les rites de passage)* als »Mannbarkeitsrituale« eingestuft – unabhängig davon, was sich in den letzten fünfzig Jahren im Osten Deutschlands entwickelt hat. In der DDR kam hinzu, dass man auf provozierende Weise den Staat konterkarieren konnte; zumindest einige Stunden lang – und das innerhalb einer quälend tristen und langweiligen Woche. Fußballspiele wurden nun einmal europaweit – und keineswegs nur DDR-spezifisch – als aufregendes Gemeinschaftserlebnis voller männlichkeitsorientierter Zeremonien begriffen.

Im Laufe der 1980er Jahre schälte sich schließlich in beiden deutschen Staaten, unabhängig von der wirtschaftlichen und politischen Entwicklung, ein auffällig gewaltbereites Publikum heraus. Für Rechtsradikale ein fruchtbarer Boden, auf dem sie heute ernten können; ganz besonders aber in den Jahren nach der Wende, also in einem ehemals noch nicht überall rechtssicheren Raum. Ohne den Apparat des Ministeriums für Staatssicherheit, stattdessen »bewacht« von einer meist demotivierten und obendrein überforderten ehemaligen Volkspolizei, kam es Woche für Woche fast zwangsläufig zu schweren Ausschreitungen. Verstärkt durch westdeutsche Neonazis, verführt und fasziniert von deren Logistik. Die Politiker schauten ebenso weg wie die Sportfunktionäre des Deutschen Fußball-Bundes (DFB) im fernen Frankfurt am Main.

Vieles aus alten DDR-Oberligazeiten hat sich dabei in den Ligen der neuen Bundesländer leider bis auf den heutigen Tag halten können. Zum Beispiel die Sprechchöre gegen alle Berliner Vereine, ob nun gegen Union im einstigen Osten oder gegen Hertha BSC im früheren Westen. Das hat gewissermaßen DDR-Tradition, wofür insbesondere ein Beispiel aus Leipzig steht, der sogenannten heimlichen Hauptstadt der DDR. Dort, wo heute die sächsischen Fans aus dem Leipziger Vorort Leutzsch die Berliner verspotten, wenn sie inbrünstig schmettern: »Nur ein Leutzscher ist ein Deutscher.«

Interview mit René Gruschka

»Lok Leipzig ist kein rechtsfreier Raum ...«

Der VfB Leipzig erspielte sich 1903 die erste deutsche Fußballmeisterschaft. Dessen Nachfolger, Lokomotive Leipzig, gehörte zu den erfolgreichsten DDR-Clubs – auch international. Weil in Leipzig aber heute rechtsradikale Umtriebe an der Tagesordnung sind, sprach ich mit René Gruschka, dem Vereins-, aber auch Fansprecher von Lokomotive Leipzig. Gruschka spricht damit als einziger Funktionär für beide Seiten eines Vereins.

Herr Gruschka, wie gehen Sie mit den rechtsradikalen Fans der Gruppierung »Scenario« um?

Die Nähe der »Scenario«-Fans zur NPD und zu rechten Kameradschaften lässt sich ja nun mal nicht leugnen. Sie werden deshalb auch weiterhin vom sächsischen Verfassungsschutz beobachtet. Wir haben viel mit ihnen geredet, haben dabei versucht, ihnen klar zu machen, dass Lok Leipzig kein rechtsfreier Raum ist ...

Und was hat das gebracht?

Sie haben uns versprochen, ihre rechten Tendenzen aus ihrer Gruppierung künftig herauszuhalten. Mehr geht nicht. Wir müssen ihnen glauben.

Doch selbst, wenn sie sich ruhig verhalten sollten: Wenn Lok Leipzig in der vierten Liga daheim aufspielt, gilt so etwas bei der Leipziger Polizei als erhöhtes Sicherheitsrisiko …

So liest man es zwar allenthalben, doch die höchste Sicherheitsstufe – mit Alkoholverbot im Stadion – gilt eigentlich immer nur, wenn wir gegen Jena oder Magdeburg spielen. Ansonsten nicht.

Aber gerade dann müssen Sie aus Ihrem gemütlichen Bruno-Plache-Stadion (Fassungsvermögen: 7000 Zuschauer) im Leipziger Stadtteil Probstheida ins riesige ehemalige Zentralstadion (Fassungsvermögen: 44 500 Zuschauer) ausweichen. Wegen der vielen zu erwartenden Zuschauer?

Nein, wegen der Polizei. Wegen der besseren Sicherheitsüberwachungen, zum Beispiel per Video. Uns hat das in der letzten Saison jeweils an die 70.000 Euro Miete gekostet und damit fast an den Rand des Ruins gebracht. Wir wollen versuchen, künftig auch Hochrisikospiele daheim in Probstheida auszutragen.

Verständlich, denn das Zentralstadion heißt ja heute auch noch Red-Bull-Arena, wo ihr reicher Stadtkonkurrent RB Leipzig – ein künstlicher Verein – spielt. Ein »Verein«, der Ihren Jugendspielern schon mal 1.000 Euro für einen Wechsel bietet …

Auch wenn uns unsere ehemaligen Nationalspieler, wie René Adler, hin und wieder besuchen, auch dann, wenn in Leipzig fleißig für uns gespendet wird – solche Wechselspiele verdrießen am Ende auch unsere treuesten Fans. Und wo so etwas dann endet, weiß ich nicht.

KAPITEL 7

Ein NPD-Vorstand für den Fußball

Die unverzichtbaren »Kümmerer«

Es geht geruhsam zu in Laucha, inmitten einer Idylle aus Weinbergen und sanften Waldhügeln. »Toskana des Nordens« nennen die Tourismusprofis diesen Teil des Unstruttals von Sachsen-Anhalt. Eine beschauliche Gegend, gäbe es da nicht den rechtsextremen Schornsteinfeger Lutz Battke, ein stadtbekannter Mann mit markantem Hitler-Bärtchen. Diesem wackeren Mann hatte das Bundesverwaltungsgericht in Leipzig im November 2011 seinen Kehrbezirk in Laucha entzogen. Nicht etwa wegen des Hitler-Bärtchens, das ist bedauerlicherweise nicht strafbar. Der 8. Senat des Bundesverwaltungsgerichtes hielt es vielmehr für notwendig und auch zulässig, Battkes »Bestellung« zum Bezirksschornsteinfegermeister »wegen fehlender persönlicher Zuverlässigkeit« zu widerrufen. Mit deutlicheren Worten: Einem Manne seiner (rechten) Gesinnung könne der freie Zugang zu öffentlichen und privaten Häusern auf gar keinen Fall gestattet werden. Zum Hintergrund: Battke ist zwar kein NPD-Mitglied, aber er sitzt für diese rechtsextreme Partei im Stadtrat von Laucha und führt dort gern das große Wort.

Auch hier gibt es wieder eine Verbindung zum Fußball:

Lutz Battke, der nur allzu gern bei der alljährlichen Ehrenfeier für die Mörder des jüdischen Reichsaußenministers Walther Rathenau im benachbarten Bad Kösen stramm steht, einer mehr als nur obskuren Zusammenkunft rechtsradikaler Ungeister, war auch Trainer im Sportverein BSC 99 Laucha. Erst nach erheblichem Druck von außen durch den Deutschen Olympischen Sportbund (DOSB) in Frankfurt ging der Verein – wenngleich sehr zögerlich – auf Distanz zu Battke; nach immerhin 20-jähriger vertrauensvoller Zusammenarbeit auch kein leichtes Unterfangen. Steffen Reisbach, Präsident des Köthener Sportvereins 2009, fasste resignierend zusammen, was wohl nicht wenige auch in Laucha denken und was sich bewahrheitet hat: »Viele Fußballvereine könnten zumachen, wenn sie die Nazis rausschmeißen würden.«

Battke, so rechtfertigt man sich noch heute in der »Toskana des Nordens«, habe schließlich stets gute Arbeit für seinen Verein geleistet. Er hatte sich als unentbehrlicher »Kümmerer« etabliert, entsprechend der Strategie rechter Parteien und deren Kameradschaften: Ich tue etwas. Ich leiste gute Arbeit – und werde deshalb Schritt für Schritt auf die Solidarität der anderen Vereinsmitglieder setzen können. So wie Battke in Köthen hoffen auch andernorts rechte »Kümmerer«, die sich als »Schläfer« tarnen, auf einen erfolgreichen Ausgang ihrer Mission. In erster Linie vertrauen sie auf die gutgläubigen Eltern jener Kinder und Jugendlichen, die sie im Verein aufopferungsvoll umsorgen. Alle »Kümmerer« wissen aus den Erfahrungen ihrer rechten Kameraden: Kommt der Kontakt eines Übungsleiters zur rechten Szene irgendwann einmal ans Licht, heißt es in der Regel: Lasst den Mann doch in Ruhe! Für uns hat er als Übungsleiter immer gute Arbeit geleistet –

das mit seiner etwas anderen politischen Überzeugung nehmen wir eben in Kauf. Das wirke sich auf das Fußballtraining ja nicht negativ aus. Solche Aussagen finden meist viel Anklang, zumal in Deutschland die Meinung vorherrscht, Sport habe mit Politik nichts zu tun. Gelingt einem »Kümmerer« ein solcher Coup, ist ihm gewissermaßen das Gesellenstück geglückt. Nun wird er, obwohl als Rechtsradikaler enttarnt, als völlig normal akzeptiert – seinen Parteiauftrag, das rechte Gedankengut wieder ein bisschen mehr salonfähig zu machen, hat er dabei in vollem Umfang erfüllt.

Allzu schwierig ist das nicht: Bei den Recherchen wurde mir klar, dass rechtsextremes Gedankengut, vor allem von einer überwiegend konservativ denkenden Mehrheit, allzu bereitwillig geduldet wird und dass diese Mehrheit auch niemanden ohne weiteres ausschließt, nur weil er ein »bisschen« anders denkt. Wobei das Spektrum rechtsextremer Erscheinungsformen in diesem Lande zunehmend unüberschaubarer zu werden droht – und es deshalb kaum jemand merkt. Weder in der Provinz noch in kleineren Städten und schon gar nicht in jenen Ortschaften, die durch eine ländliche Struktur geprägt sind. Gerade dort können sich die Neonazis weitaus ungestörter bewegen als in größeren Städten. Hier reden die »Kümmerer« ganz offen an den Stammtischen mit – beziehungsweise in den Elternbeiräten – wo ihnen gern zugehört wird, weil sie gelernt haben, geschickt zu formulieren und zu argumentieren. Im örtlichen Gesangsverein und bei der freiwilligen Feuerwehr kümmern sie sich um Dinge, die andere nicht erledigen wollen; ganz besonders tatkräftig und vollkommen uneigennützig setzen sie sich in den Sportvereinen ein. Ein Engagement, was durchaus geschätzt wird, da es überall an freiwilligen Übungsleitern mangelt. Schritt für Schritt entstehen auf diese Weise geradezu rechtsextrem dominierte Gebiete, ob in Mecklenburg-Vorpommern, Brandenburg, Hessen oder Bayern. Hilfreich ist bei diesem Vorgehen die übliche Vetternwirtschaft – nicht selten sind Bürgermeister, Stadtverordnete und Polizeibeamte mit den rechtsextremen »Kümmerern« verwandt und lassen diese schon deshalb gewähren. Wie beispielsweise im hessischen Echzell, wo die Rechten seit 2009 in einer Scheune dann und wann zur Party einladen. »Brausebad« nennen sie ihre kleine, aber stark frequentierte Disco, in der aus blanken Duschköpfen von der Decke herab weißer Partynebel wabert. Genannt wird das Ganze »Vergasung« – unglaublich, aber wahr und trotz allem nicht verboten, schließlich handelt es sich um eine private Feier auf einem privaten Grundstück …

Darüber hinaus feiern die Braunen ihre Erfolge gern. Unter anderem die des Thomas Hantusch, des ehemaligen hessischen Landesvorsitzenden der NPD. Hantusch wäre wohl noch immer Fußballtrainer in der Jugendabteilung des RSV Büblingshausen in Wetzlar, einem der größten Sportvereine im Lahn-Dill-Kreis, wenn sich nicht ausgerechnet eine türkische Mutter über den strammen Jugendtrainer ihrer Kinder gewundert und deshalb beim Hessischen Rundfunk angerufen hätte. Die Redakteure in Frankfurt recherchierten in Sachen Hantusch und setzten sich danach mit dem Hessischen Fußballverband in Verbindung. Dort baten sie 2008, wie sie es in ähnlichen Fällen zuvor des Öfteren getan hatten, Angelika Ribler von der Hessischen Sportjugend um Hilfe. Frau Ribler, weit über die hessischen Landesgrenzen hinaus bekannt für ihre Erfahrungen mit Rechtsradikalen im Sport, informierte daraufhin den Vorstand des RSV Büblingshausen. Wer nun aber glaubt, damit sei die Angelegenheit erledigt gewesen, liegt falsch. Vielmehr geriet der Vorgang ins Stocken, und die internen Beratungen dieses Wetzlarer Sportclubs dauerten etwas mehr als ein Jahr; erst dann konnte der NPD-Coach endlich rausgeworfen werden. Der Hintergrund: Viele Eltern wollten sich von Hantusch gar nicht trennen; schließlich sei dieser im Verein gerade erst für »fünf Jahre ehrenamtliche Tätigkeit« ausgezeichnet worden, und Ehrenamtliche seien sowieso immer äußerst schwer zu gewinnen. Außerdem habe Hantusch immer fein säuberlich Sport und Politik voneinander getrennt. Derartige Floskeln hört Ribler seitens der Eltern immer wieder. Viele würden sagen: Wir haben mit diesem Mann niemals Probleme gehabt – wirklich zu keiner Zeit! Und dann folge stets die Erklärung: Dieser Mann hat sich gegenüber unseren Kindern immer völlig unpolitisch verhalten, warum darf er also nicht bleiben?

Hantusch hatte sich demnach genauso verhalten, wie es das Strategiepapier aus dem Jahre 1997, das sein bis 2011 amtierender NPD-Parteivorsitzender Udo Voigt konzipiert hatte, vorschreibt. Damals hatte Voigt im mecklenburgischen Stavenhagen seinem Parteivolk die vier Säulen einer erfolgversprechenden NPD-Wahlarbeit erklärt: 1. den Kampf um die Dörfer (und damit zugleich den um *jeden* Sportverein), 2. den Kampf um die Schulen (und wiederum parallel dazu den um die Sportvereine), 3. die Zusammenarbeit mit den rechten Kameradschaften (aber erst im fortgeschrittenen Stadium der Gehirnwäsche) und 4. die Intellektualisierung der Jugend (die, laut Voigt, gar nicht früh genug beginnen könne und die Hantusch bei den Wetzlarer Fußballkindern über Jahre hinweg vorgenommen haben kann, ohne dass deren Eltern davon nur das Geringste mitbekommen hätten). So gab es für Hantusch denn auch keine Kritik von den Eltern, sondern fast ausschließlich nur Lob; vermutlich auch von der Partei. Bei Drucklegung dieses Buches agierte Hantusch bereits als Vorsitzender des NPD-Kreisverbandes Lahn-Dill/Limburg-Weilburg in Hessen. Der Mann macht also jetzt Parteikarriere und habe sich – es grenzt schon an Zynismus – dank seiner praktischen Erfahrungen auf die Themen »Menschenwürde« und »Tierschutz« fokussiert. Heinrich Himmler lässt grüßen! Schließlich führte er nicht nur die SS, sondern auch alle deutschen Schäferhundezüchter.

Die Herren von der NPD und auch jene in deren rechten Kameradschaften bleiben also auch dann noch rührig, wenn man sie gar nicht spürt. Viel Lob gibt es unter Nordrhein-Westfalens Amateurfußballern, zum Beispiel für einen überaus korrekt pfeifenden Schiedsrichter namens Stephan Haase. Wenn jemand derart sorgfältig und umsichtig seine Spiele in der Kreisliga leite wie der Herr Haase aus Lüdenscheid, dann könne es doch, darin stimmen viele überein, in dessen oft gescholtener Partei, der NPD, gar nicht so schlimm zugehen, wie ständig erzählt werde. Warum also solle man die nicht mal wählen, nur mal versuchsweise? Überlegungen, die immer wieder zu hören sind. Auch gegen Haases steten Spruch »Wir wollen Deutsche in Deutschland bleiben« haben die meisten nichts einzuwenden. Seit 2002 gehört der gelernte Offsetdrucker und Galvaniseur Stephan Haase nun schon zum NRW-Landesvorstand seiner Partei, er arbeitet obendrein – als fleißiger »Kümmerer« – im Stadtrat Lüdenscheid. Sein Geld verdient der NPD-Schiedsrichter, gemeinsam mit einem Geschäftspartner, mit dem »Donner Versand«. Das ist bundesweit immerhin der größte Versandhandel für Rechtsrock- und Nazi-Devotionalien. Haases Nachbarn sagen: Das ist eben einer, wie du und ich – pünktlich, fleißig, engagiert, korrekt und immer hilfsbereit, der brave Herr Haase.

Als Multitalent, also nicht nur als NPD-Parteifunktionär, sondern zugleich auch als Agitator, hat sich hingegen der Wattenscheider Claus Cremer über die Grenzen Nordrhein-Westfalens hinaus einen Namen gemacht. Als NPD-Landesvorsitzender ist er auch noch ehrenamtlich an der Basis tätig, betreut vor Ort eine Mini-Kicker-Mannschaft der DJK Wattenscheid und geht außerdem als Schiedsrichter auf den Fußballplatz (»Ich bin ganz bestimmt nicht der einzige NPD-Mann an der Pfeife«). Wobei seine ehrenamtliche Arbeit für die DJK Wattenscheid gerade für einen eingefleischten Neonazi etwas ganz und gar Außergewöhnliches bedeuten muss. Die drei Buchstaben DJK stehen schließlich für den Vereinsnamen »Deutsche Jugendkraft«, und hinter diesen zwei Wörtern verbirgt sich immerhin der katholische Sportverband in Deutschland – mit insgesamt 507 000 Mitgliedern. Wenn sich also ein 2005 wegen Volksverhetzung auf Bewährung verurteilter Rechtsradikaler sogar in einem katholischen Wirkungskreis festsetzen kann, ohne dass es jemand bemerkt, ist das keine Banalität, sondern ein Signal.

Die NPD und ihre parteiinterne Taktik: 2011 wurde ein gewisser Jens Pühse von dieser Partei nach Norddeutschland abkommandiert, um sich beim Fußball-Bundesligaclub SV Werder Bremen als einfaches Mitglied eintragen zu lassen – am Ende erfolglos. Irgendjemand in Bremen war bei dem Namen Pühse misstrauisch geworden und hatte nachgeforscht. Er fand heraus, dass es sich bei dem neuen Vereinsmitglied um einen äußerst agilen NPD-Parteigänger handelte. Und zwar um einen Funktionär, der als Kreisvorsitzender im bayerischen Freising tätig war, danach als Leipziger Direktkandidat bei den Landtagswahlen in Sachsen auftrat und obendrein als NPD-Bundesorganisationsleiter in der Berliner Parteizentrale wirbelte. Also wehrten sich die Bremer, forderten Pühse am 2. Mai 2011 zum Austritt aus dem SV Werder auf, weil dessen Vereinssatzung mit den politischen Zielen der NPD unvereinbar sei. Das Landgericht Bremen bestätigte zwar Pühses Rauswurf, aber der gewiefte rechte Politiker hatte in und um Bremen erreicht, was er im Grunde erreichen sollte: Die NPD und er waren in Norddeutschland wochenlang in aller Munde, wobei so mancher Bremer Bürger durch Briefe und spontane Anrufe deutlich machte, Werder habe in dieser Streitsache die Rote Karte verdient, weil Pühse ja gar nicht politisch agitieren, sondern als Fan nur dem Fußball beiwohnen wollte.

Inzwischen organisiert der rechtsradikale Politprofi Pühse als Bundesgeschäftsführer seiner Partei von Berlin aus Parteiveranstaltungen, verteilt gedrucktes Agitprop-Material und hält Kontakt zu dubiosen Figuren, wie zu Dr. Claus Nordbruch in Südafrika. Ein Mann, der umstrittene rechte Essays verfasst, beispielsweise das unheimliche rechte Rechtfertigungsstück *Hysterie und ordinäre Kriminelle. Die Mär vom NSU*. Zugleich soll er auch an der Ausarbeitung von Fluchtplänen für das NSU-Terrortrio Beate Zschäpe, Uwe Mundlos und Uwe Böhnhardt gearbeitet haben. Ein solcher Mann gehörte bislang zu Pühses Auftragnehmern. Pühse könnte also über Nordbruchs NSU-Hilfe Auskunft geben, doch er wird einen Teufel tun. Das wissen sie längst beim Verfassungsschutz.

Es sind also nicht immer die rechten »Kameradschaften«, deren »Kümmerer« und »Schläfer« im Parteiauftrag Fußballvereine klammheimlich unterwandern, und mitunter tritt die NPD auch direkt und ohne Umschweife auf, um Kontakte zu knüpfen. So geschehen am 28. Februar 2013, als die NPD Thüringen in einem offenen Brief an die Fußballfans von Rot-Weiß Erfurt und Carl Zeiss Jena ein Ende der »V-Mann-Aktivitäten« im Stadion forderte und sich überdies gegen eine Videoüberwachung der Fans auf den Stehplatzrängen stark machte. Der Sport dürfe nicht kriminalisiert werden, tönte es abermals. Eine sehr bewusst gewählte Formulierung, der sich nebenbei bemerkt auch Thomas Bach, der höchste deutsche Sportfunktionär, ständig bedient. Allerdings im Anti-Doping-Kampf. Die thüringische NPD indes wünschte in ihrem Brief allen Lesern »Sport frei« und forderte »die Politik« auf, sich aus den Fußballstadien künftig herauszuhalten. Die NPD versucht damit ganz offensichtlich, auf den Fanzug aufzuspringen, um die zum Teil rechten Fußballfreunde für sich zu gewinnen. Schließlich wird 2014 im Freistaat Thüringen gewählt, und die NPD setzt auf ein Ergebnis jenseits der Fünf-Prozent-Hürde, um endlich in den Erfurter Landtag einziehen zu können. Ein durchaus reales Ziel, weil die Partei schon bei der letzten Landtagswahl 2009 landesweit immerhin 4,3 Prozent erreicht hatte und inzwischen in fast jedem thüringischen Kreistag sitzt oder beinahe überall einen Stadtverordneten stellt. Bei Drucklegung dieses Buches arbeiteten bereits mehr als 25 Abgeordnete in thüringischen Kommunalparlamenten.

Im Falle von Rot-Weiß Erfurt reagierte dessen Pressesprecher Wilfried Mohren, der einst wegen einer Korruptionsaffäre als Sportressortchef des Mitteldeutschen

Rundfunks (MDR) in Leipzig zurücktreten musste, mehr als eindeutig. Der Berliner *Tageszeitung* (taz) erklärte er das NPD-Papier so: »Das ist leicht verdaulich geschrieben« und sei genau genommen so verfasst, »dass wir Schwierigkeiten hatten, es in Bausch und Bogen zu verdammen.« Rot-Weiß Erfurt reagierte schlussendlich mit einer klaren Stellungnahme: »Wir appellieren an unsere Anhänger, sich nicht von dem Papier ›abholen‹ zu lassen.«

Mohrens Aufruf kam nicht von ungefähr, da gerade die Fans ihren Verein Rot-Weiß Erfurt in den Ruf gebracht haben, eher rechts als links zu stehen. Insbesondere mit den Fangruppierungen »Kategorie Erfurt« (KEF) und »Jungsturm KEF« kommt es für den Verein immer wieder zu Problemen. Andere Gruppierungen wie »Ostkurve 1982 Erfurt« und die »RWE Kneipenterroristen« gelten gleichermaßen als brandgefährlich und äußerst gewaltbereit – nicht nur bei der örtlichen Polizei. Die Mitglieder dieser Fangruppen – so Eingeweihte – würden nicht lange fackeln, sondern kräftig zuschlagen. Gegen Mitglieder der KEF wurden seit 2010 vier Ermittlungsverfahren eingeleitet, darunter eines wegen Volksverhetzung. Die erst 2012 in Erfurt gegründete Hooligan-Vereinigung »Hoonara« – auch sie steht Rot-Weiß Erfurt nahe – gilt als rassistisch, extrem nazifreundlich und allzeit schlagbereit. Angesichts solcher Fans und der Annäherung der NPD an diese Szene spricht Mohren fernerhin von einer »gewissen Hilflosigkeit des Vereins«. In Jena wiederum haben sie auf das Schreiben der NPD offiziell gar nicht reagiert. Man habe lange überlegt, wie man sich verhalten könne, dann aber beschlossen, sich überhaupt nicht zu äußern. So etwas zöge stets eine gewisse mediale Aufmerksamkeit nach sich – und um eben diese gehe es der NPD. Ganz besonders in dem von ihr frühzeitig eingeläuteten Landtagswahlkampf.

Die überregionale Gruppierung »ProFan« in Berlin reagierte auf das anhaltende Vorpreschen der NPD in Thüringen erst einmal verärgert und erklärte in holprigem Deutsch: »Dass sich die NPD an unseren Themen und Forderungen bedient, ist für uns absolut nicht hinnehmbar.« Was den einen oder anderen NPD-Funktionär nur amüsiert hat. »ProFan«-Pressesprecher Philipp Markhardt fühlte sich infolgedessen dazu bemüßigt, zu erläutern, warum die Unterwanderungsversuche der NDP innerhalb der Fußballfanszene Deutschlands gegenwärtig überhaupt auf fruchtbaren Boden stoßen können: »Die demokratischen Parteien haben es bundesweit in der Vergangenheit versäumt, sich ernsthaft mit den demokratisch arbeitenden Fanszenen zu beschäftigen.« Dem ist zwar uneingeschränkt beizupflichten, doch Thüringen bildet in Deutschland in Sachen Rechtsradikalismus die große Ausnahme. Nicht Mecklenburg-Vorpommern, nicht etwa Brandenburg, auch nicht Bayern, sondern Thüringen, das idyllische grüne Herz Deutschlands, gilt deutschlandweit als tiefbraunes Bundesland, als weitgehend rechtsradikal und antidemokratisch. Schon 1996 trieb dort der gefürchtete »Thüringer Heimatschutz« sein Unwesen; eine neonazistische Vereinigung, der auch die NSU-Terroristen Beate Zschäpe, Uwe Mundlos und Uwe Böhnhardt angehörten. Dessen ungeachtet hat sich im Jahre 2013 an alledem offenbar nichts geändert, wie die *Thüringer Allgemeine Zeitung* aus Erfurt am 15. April 2013 notierte: »Die Ermittlungen zu den zehn rechtsterroristischen NSU-Morden haben die Neonaziszene in Thüringen nicht eingeschüchtert. Nach Einschätzungen von ›Mobit‹ agierten

Rechtsextreme im Vorjahr deutlich aggressiver in der Öffentlichkeit. Die Zahl der Nazi-Übergriffe hat sich nach der aktuellen Statistik der ›Mobilen Beratung – Für Demokratie gegen Rechtsextremismus‹ gegenüber 2011 verdreifacht. Es wurden im Vorjahr 37 gewalttätige Übergriffe gezählt.«

Wenn dieser braune Humus weiter wächst und gedeiht, kann darauf besonders wuchern, was man gemeinhin eine rechtsradikale Fußballfanszene nennt. Deshalb versuchen die Neonazis derzeit in Thüringen immer wieder, neue Sportvereine zu gründen. 26 rechte Fußballclubs sind dort in den letzten vier bis fünf Jahren entstanden. Oft auch in der Absicht, hier Kampfsporttraining für ihre Kader anzubieten. In Erfurt zum Beispiel wurde 2011 ein neuer Sportverein von Neonazis aus der Taufe gehoben. Das alles geschah bis heute so gut wie unbemerkt. Dabei ist dieser Verein sogar offizielles Mitglied im amtlichen Stadtsportbund Erfurt und zudem im Landessportbund Thüringen geworden, dem wichtigsten und höchsten Sportgremium eines jeweiligen Bundeslandes. Weil das den Statuten widerspricht, schloss der Landessportbund Thüringen den Naziverein – viel zu spät wohlgemerkt – am 12. Juni 2013 aus. Was dessen Aktivitäten nicht sonderlich einschränkte. Neben Fußball können in diesem rechten Verein weiterhin Interessierte am Kickboxtraining teilnehmen, das ausgerechnet von den Erfurter Hooligans gern wahrgenommen wird. Dafür haben die Aktiven des GSV – »Mach dich fit e.V.« sogar einen eigenen Trainingsraum renoviert und mit Übungsmatten für den Kampfsport ausgelegt. Fußball wird dann im Sommer gespielt – auch auf öffentlichen Hobbyturnieren von nichtrechten Vereinen. Sowohl die Gründungsmitglieder als auch der Vereinsvorstand bestehen größtenteils aus bekannten Aktivisten der Erfurter Neonaziszene und überschneiden sich gleichfalls mit dem Personal des extrem rechten Wahlvereins »Pro Erfurt«. Ob es da sinnvoll ist, V-Leute in die thüringische Sportszene einzuschleusen?

Lediglich in Bremen, Niedersachsen, Mecklenburg-Vorpommern, Berlin und Bayern würden keine V-Leute in Sportstadien agieren. Das erklärten Anfang 2013 die jeweiligen Innenminister der Nachrichtenagentur Sportinformationsdienst (sid) in Köln. In Hamburg antwortete man ausweichend. In Nordrhein-Westfalen hingegen bestätigte das Innenministerium den V-Mann-Einsatz; gleichermaßen gegenüber der Ulmer Tageszeitung *Südwest-Presse* auch in Baden-Württemberg. Das hatte insbesondere die Karlsruher Fangruppierung »Ultra 1894« empört. Der hannoversche Sportsoziologe Gunter A. Pilz untergrub die Aufregung letzten Endes mit der Bemerkung: »Es kann auch ein Stück Schutz für die Fans sein, wenn extreme Elemente beobachtet werden.«

Interview mit Rolf Beilschmidt

»Keine regelrechte Unterwanderung«

Der 60-jährige Rolf Beilschmidt, früher ein Hochspringer der Weltspitze, leitet seit 2001 als Hauptgeschäftsführer den Landessportbund (LSB) Thüringen. Der thüringische Sport galt einerseits als stark von der Stasi unterwandert, andererseits soll er heute überaus anfällig gegenüber rechtsradikalen Thesen und Parolen sein. Das brachten behördliche Ermittlungen in Erfurt an den Tag. Ich sprach deshalb mit dessen wichtigstem Repräsentanten, der in der DDR unter dem Decknamen »Paul Grün« für den Staatssicherheitsdienst gearbeitet hat.

Herr Beilschmidt, in Ihren thüringischen Sportvereinen scheinen sich Neonazis, mehr noch als in anderen Bundesländern, ganz besonders wohl zu fühlen …

Kann sein, doch von einer regelrechten Unterwanderung – also im Sinne dieses Wortes – kann ich dennoch nicht sprechen. Natürlich kennen wir im Landessportbund den einen oder anderen Nazi, der bei uns im Sport tätig ist, doch es verhält sich damit so, wie mit bekennenden NPD-Mitgliedern in der thüringischen Kommunalpolitik. Die sind uns ebenso bekannt wie jene rechten Personen, die wir im Sport vorfinden. Bei den gewählten Kommunalpolitikern handelt es sich um Leute, die wir nicht so einfach aus unseren Kreistagen hinauswerfen können. Ähnlich verhält es sich auch im Sport.

Was für Leute aus dem rechten Kreis nisten sich denn im thüringischen Sport ein?

Neu ist, dass wir jetzt auch Hinweise auf einen Sponsor aus dieser Szene erhalten haben. Wobei wir nicht wissen, ob er nur Rechtsradikale finanziell absichert oder auch andere und wie er sich sonst verhält. Da müssen wir also sehr vorsichtig sein.

Geht es bei Rechtsradikalen im thüringischen Sport auch über den Fußball hinaus?

Eigentlich nicht. Jedenfalls liegen uns noch keine anderen Hinweise vor, wenn wir die Kampfsportarten einmal ausklammern. Aber auch dort können wir keine pauschalen Verdächtigungen aussprechen, sondern müssen – nach unserem Wissensstand – weiterhin vorsichtig bleiben.

Und wie sieht es mit den teilweise umstrittenen Schützenvereinen innerhalb Ihres Landessportbundes aus? Nach dem Amoklauf 2002 am Erfurter Gutenberg-Gymnasium stellte sich schließlich heraus, dass der Täter – Robert Steinhäuser – Mitglied eines Schützenvereins gewesen ist …

Ja, das war so. Doch die thüringischen Sportschützen sind alles andere als rechtsradikal! Sie sind, zugegeben, konservativ und pflegen auch mit Hingabe ihr Brauchtum, aber mit der rechten Szene haben sie nichts zu tun. Überhaupt nichts.

Also stellen die Sportschützen eine eher rückwärts denkende Vereinigung dar …

Nein, nein! Sie beschäftigen sich, zum Beispiel, mit dem modernen Laserschießen – wollen also weg von Pulverdampf und Knall –, und sie haben außerdem, jedenfalls in Thüringen, schon sehr stark auf Bogenschießen umgeschwenkt. Und: Sie haben auch keinen Zugang zu den Schulen unseres Landes.

Sehr schön, wenn schon mal das klappt. Aber was tut der LSB Thüringen gegen rechtsradikales Denken in seinen Sportvereinen?

Wir unterhalten seit vier Jahren eine Beratungsstelle gegen Rechtsextremismus in unserem Landessportbund. Unterstützt wird sie von einem Projekt, das vom Bundesinnenministerium mitgefördert wird. Dort wird überwiegend präventiv gearbeitet.

Und das reicht aus?

Wahrscheinlich nicht. Deshalb haben wir – aktuell – mit dem thüringischen Innenministerium eine Stabsstelle eingerichtet, die Mitglieder von Vereinsvorständen als Konflikt- und Demokratieberater ausbildet. Auf diese Weise können wir direkt die Basis erreichen.

KAPITEL 8

Schulterschluss gegen rechts

Reichen Lichterketten gegen Schläger aus?

Wer kann schon gegen den braunen Terror in und außerhalb eines Stadions etwas ausrichten, wenn die Grundstimmung in unserem Lande weitgehend nach rechts verrückt ist? Wenn der braune Sumpf weit tiefer geworden ist, als es durchschnittlich drei Prozent NPD-Wähler bundesweit dokumentieren können? Andererseits, wer will überhaupt wissen, dass es eine Wahrheit jenseits dieser drei Prozent gibt?

Versuchen wir es deshalb mit einigen anderen Zahlen. Die der SPD nahestehende angesehene Friedrich-Ebert-Stiftung hat im Jahre 2012 nach einer Umfrage unter 2415 Personen – mehr erschrocken als erstaunt – feststellen müssen, dass 39 Prozent aller Bundesbürger zwischen Ostsee und Allgäu, zwischen Rhein und Oder ausländerfeindlich eingestellt sind. Das sind, in konkreten Zahlen ausgedrückt, immerhin an die 31,2 (!) Millionen Menschen. Eine Zahl, die geradezu verstört, gelten die Deutschen doch gemeinhin als »Reiseweltmeister«; aber sind sie deshalb wirklich weltoffen? Offenbar nicht, denn die Studie »Die Mitte im Umbruch. Rechtsextreme Einstellungen in Deutschland 2012« der Friedrich-Ebert-Stiftung förderte auch zutage, neun Prozent aller Deutschen – mit einer Steigerung von 6,6 (2006) auf 15,8 Prozent (2012) in den neuen Bundesländern – würden über ein »geschlossenes rechtsextremes Weltbild« verfügen. Die Zahlen sollten alarmieren, da sie die Bereitschaft beinhalten, sich freiwillig einem Stärkeren zu unterwerfen, darüber hinaus die Überbetonung der eigenen Nation und entsprechend die Abwertung anderer. Auch bedeuten sie die Abwertung, Benachteiligung und Ausgrenzung anderer Ethnien, die Diskriminierung von Menschen anderer Herkunft aus ökonomischen Motiven, die Feindseligkeit gegenüber Juden und damit einhergehend die Verharmlosung des Nationalsozialismus. All das spiegelt sich natürlich auch in den Fußballstadien wider – und in deren Umfeldern.

Vermutlich verfügen hierzulande aber weit mehr über ein »geschlossenes rechtsextremes Weltbild«, als es sich in Umfrageergebnissen niederschlägt, weil davon ausgegangen werden muss, dass nicht alle Befragten die Wahrheit sagen. Aber bleiben wir zunächst bei neun Prozent der Bundesbürger, die ihr Leben nach einem »geschlossenen rechtsextremen Weltbild« ausrichten und entsprechend danach handeln. Würden alle diese Menschen dementsprechend wählen, stünde es sehr bitter um die Demokratie in diesem Lande. Und nicht nur um das Demokratieverständnis der hiesigen Fußballfans. Was schließlich auch einige Millionen Wähler sind. Befragungen und eigene Erlebnisse der halleschen Wissenschaftler Thomas Olk und Thomas Stimpel erklären die Zahlen ein wenig genauer: Demnach würden Rechtsextremisten hierzulande schon dann akzeptiert, wenn sie sich wie gute Nachbarn verhielten. Wenn sie also regelmäßig den Bürgersteig vor ihrem Haus kehren, den Müll säuberlich trennen oder aber den Fanschal des örtlichen Fußballclubs tragen würden. In diesem Zusammenhang können auch die Erkenntnisse des Jenaer Soziologen Klaus Dörre vom Dezember 2012 nicht mehr erstaunen. Er fand heraus, dass die bekannt gewordenen Morde des rechtsextremen NSU-Terrortrios Mundlos, Böhnhardt und Zschäpe nichts an der Einstellung der Bundesbürger gegenüber der Nazipartei NPD geändert haben. Die meisten Bundesbürger würden die NPD auch weiterhin als eine ganz und gar normale Partei betrachten – in den alten wie auch in den neuen Bundesländern.

Manchmal wirkt es beinahe so, als würden die SPD-Spitzenpolitiker gar nicht lesen, was ihre Stiftungen sowie andere Wissenschaftler erfragen und analysieren. Manuela Schwesig, Ministerin für Arbeit, Gleichstellung und Soziales in Mecklenburg-Vorpommern, zugleich energische junge Frontfrau der alten Arbeiterpartei, sagte gegenüber der *Tageszeitung* (taz) allen Ernstes: »Mich treibt die Sorge um, Rechtsextreme könnten Träger von Kindergärten werden.« Mit Verlaub, Frau Ministerin, diese Hemmschwelle haben die Rechten doch gerade im Nordosten unserer Republik, in Ihrem Bundesland Mecklenburg-Vorpommern, längst überschritten. Während der Vater mit den »netten Nazis von nebenan« Fußball und die Mutter im heimeligen »Ring der Nationalen Frauen« Volleyball spielt, werden die Kinder derweil in der privaten Kita »Der kleine Germane« oder in einer ähnlich klingenden Einrichtung abgegeben, von denen es schon viel zu viele gibt. Denn um die private Einrichtung solcher Kitas braucht man bei Frau Schwesigs Ministerium weder um Erlaubnis noch um finanzielle Zuschüsse zu bitten.

Dieses bewusst gewählte Beispiel verdeutlicht, was

sich hierzulande – vor diesem braunen Hintergrund – tagtäglich im und um den Fußball herum ereignet, warum es so und nicht anders geschieht. Würde er als rechter Rattenfänger auf Stimmungs- und Stimmenfang gehen, sagte einst der ehemalige DFB-Präsident Theo Zwanziger, würde er sich dafür zu allererst den Fußball aussuchen. Schließlich gebe es in diesem Land keine größere Massenvereinigung als den Deutschen Fußball-Bund (DFB). In ihm sind derzeit 6,8 Millionen Mitglieder erfasst. Fußball bringt demzufolge viele Personen problemlos zusammen. Über Fußball glaubt sich fast jeder unterhalten zu können. Somit bildet der Fußball *die* ideale Andockstation für Rechtsradikale, zumal Fußballfans gern glaubhaft beteuern, von Politik nichts zu verstehen. Daher erklären ihnen die Rechtsradikalen selbstlos und hilfsbereit das Leben, das heißt, sie flößen ihnen tröpfchenweise ihre Ideologie ein. Weil das erfahrungsgemäß meistens recht reibungslos funktioniert, wurde der Fußball neben der rechten Rockmusik von der rechtsextremen Szene auch zum wichtigsten Rekrutierungsinstrument bestimmt.

Wie lässt sich gegen solche Angriffe argumentieren? »Am besten durch Aufklärung«, rät die hessische Rechtsextremismus-Forscherin Angelika Ribler. Gesagt, getan. Im Sommer 2011 veranstaltete die Fanabteilung von Borussia Dortmund gemeinsam mit der größten Dortmunder Ultra-Gruppe »Unity«, wie zuvor bereits die Fans der Frankfurter Eintracht, eine Busfahrt für fünfzig Fußballanhänger zur polnischen KZ-Gedenkstätte Auschwitz-Birkenau. Gewiss ist dies nur ein Tropfen auf den heißen Stein, zumal die jüngere deutsche Geschichte den allermeisten Fans nicht präsent zu sein scheint. Den 16-Jährigen ebenso wenig wie den 60-Jährigen. Würden sie sonst die Anhänger gegnerischer Clubs – fast unisono, altersunabhängig und beinahe überall – als »Judensäue« beschimpfen? Und wenn das nicht ausreicht, wird so etwas zu allem Überfluss noch schriftlich festgehalten, wie am 12. April 2013 in Halle an der Saale. Dort hatten fanatische Gegner des halleschen Fußballclubs in riesigen Lettern an die Wand einer Sporthalle gesprüht: »Juden HFC«. Gleichzeitig feierten im Internet Anhänger des FC Magdeburg diese Aktion wie einen Kantersieg ihres Vereins … Es fehlt eben an Wissen – und es mangelt ganz erheblich an Geschichtsbewusstsein. Das förderte 2012 auch eine entsprechende Studie der Freien Universität Berlin zutage, die mit 4600 Schülern der Klassen 9 und 10 durchgeführt worden war. Die Wissenschaftler fassten danach ihr Urteil in einem Wort zusammen: »Schockierend.« Jeder vierte Schüler glaubte, das Naziregime sei durch freie Wahlen legitimiert worden. Daher sei es auch völlig klar, wenn man einen missliebigen Menschen als »Juden« beschimpfen würde, so wie das mit Fußballfans gegnerischer Mannschaften geschähe. Ein Viertel der befragten Schüler wusste nicht, dass es im heutigen Deutschland freie Wahlen gibt und es interessiert sie vermutlich auch nicht. Ein Großteil aller Befragten kann demnach mit dem Begriff »Demokratie« nichts anfangen und will zwischen Demokratie und Diktatur auch nicht unterscheiden. Aber zwischen den Berliner Fußballvereinen Union und Hertha. Da haben die Rechtsradikalen leichtes Spiel.

Am wenigsten wissen die Schüler des bevölkerungsreichsten Bundeslandes Nordrhein-Westfalen Bescheid. Auch deshalb – so die strategischen Überlegungen der Rechtsradikalen – solle die nationalsozialistische Prävention im Fußball bereits dort einsetzen, wo zuvor andere politisch denkende Personen noch keinen Einfluss auf irgendeinen Verein gehabt haben. Genauer gesagt bei den Schülermannschaften und parallel dazu in den Schulen. Noch vor den Rechten tätig zu werden, wird aber von anderen ausgerechnet im fußballverrückten Nordrhein-Westfalen versäumt. Zum Beispiel in Essen, wo im Sommer 2013 das legendäre geschichtsträchtige Georg-Melches-Stadion von Rot-Weiß Essen endgültig abgewrackt wurde. Eigentlich unvorstellbar – Rot-Weiß Essen ist noch immer ein Publikumsprimus. Sogar heute unter den Viertligaclubs, zu deren Heimspielen im Schnitt noch immer 8000 Zuschauer kommen – weit mehr als zu manchem Spiel in der zweiten Liga. Und ausgerechnet dieses Stadion ließen sie niederreißen. Dort, wo einst Helmut Rahn, Otto Rehhagel, Willi »Ente« Lippens, Horst Hrubesch, Frank Mill, Jürgen »Kobra« Wegmann aufliefen, liegen überall nur noch Schutthaufen. Das nachzuvollziehen, fällt wahrhaftig schwer; bekanntermaßen haben sie ja im Ruhrpott eine Menge sogenannter Kulturstätten geschaffen, wie die Zeche Zollverein oder den berühmten Gasometer in Oberhausen. Nur den Fußball, den haben sie dort, wo ein Leben ohne Fußball überhaupt nicht denkbar ist, also an der Ruhr – man erwähne nur Schalke, Dortmund, Bochum, Oberhausen, Duisburg –, schlichtweg vergessen.

Aber zurück nach Essen. Die Haupttribüne des dortigen Georg-Melches-Stadions, eingeweiht 1957, wurde damals in Spanien und in England, bei Arsenal London, als vorbildhaftes Fußballbauwerk auf großformatigen Fotos rumgereicht und bestaunt. Und heute? Angesichts des radikalen Abrisses fragt man sich, wo die Großväter ihren Enkeln, die Väter ihren Söhnen etwas aus früheren Zeiten erzählen sollen. Im neuen Stadion gibt es dafür nicht mal mehr eine öffentliche Kneipe, um gemütlich zu klönen. Nur piekfeine VIP-Räume für die oberen Zehntausend. Die Neonazis in Dortmund und Oberhausen reiben sich längst die Hände, sie werden Rot-Weiß Essen gründlich aufmischen. Die Regionalpolitiker haben schließlich gedankenlos den Boden dafür bereitet.

Dabei geht es doch im Fußball auch um jahrelanges Wissen, um das Vergleichen und Austauschen von Erfahrungen, auch darum, die Vergangenheit zu verstehen und weiterzugeben. Aber wenn dem hierzulande via baulicher Zukunft im wahrsten Sinne des Wortes der Boden entzogen wird, wo kann ein solcher Gedankenaustausch über den populärsten Sport des Landes dann überhaupt noch stattfinden? Allenfalls auf der »Mondiali Antirazzisti«, jener antirassistischen Fußballweltmeisterschaft, die einst zusammen mit der Antirassismus-Kampagne des Europäischen Fußballverbandes (UEFA) entstanden ist. Eine beispielhafte Veranstaltung, die aber dennoch keine Nachahmer gefunden hat. Eine Veranstaltung, bei der Fußballspiele eigentlich längst Nebensache geworden sind, obwohl jeweils etwa zweihundert Teams daran teilnehmen. Noch wichtiger als deren Spiele sind hier längst Konzerte, Diskussionen und spontane Debatten geworden.

Und der Deutsche Fußball-Bund? Hier gilt es zu allererst, eine Lanze für Theo Zwanziger zu brechen, den früheren DFB-Präsidenten, der sich 2012 nicht mehr zur Wiederwahl gestellt hat. Ein Mann, der für sein ständiges Eintreten gegen Fremdenfeindlichkeit und Homophobie – worüber hierzulande unter Fußballern, aber auch unter Handwerkern mitunter noch immer nicht geredet wird – geehrt worden ist; ein Fußballfunktionär, der im Jahre 2009 obendrein mit dem Leo-Baeck-Preis »für seinen Einsatz gegen Fremdenfeindlichkeit, Diskriminierung und Rechtsextremismus« ausgezeichnet wurde. Zwanziger setzt sich, obwohl nicht mehr DFB-Präsident, auch weiterhin vehement für die 2006 gegründete Initiative »Respekt! Kein Platz für Rassismus« ein. Auslöser dieser Initiative, die unter der Schirmherrschaft der früheren deutschen Nationalspielerin Steffi Jones steht, war im Frühjahr 2006 ein Vorfall, der bundesweit für Aufsehen gesorgt hatte, selbst bei jenen, die sich sonst nicht für Fußball interessieren. Es war in jener Zeit, als der nigerianische Spieler Adebowale Ogungbure vom FC Sachsen Leipzig in den Spielen der vierten Liga lautstark und anhaltend von den Zuschauern beleidigt wurde. Mit Schmährufen und Affenlauten – und wenn das immer noch nicht auszureichen schien, wurde der Nigerianer gar bespuckt. Nicht nur im Stadion, auch auf der Straße.

Am 25. März 2006, als die Leipziger beim FC Halle antraten, reagierte ein völlig aufgewühlter Adebowale Ogungbure dann auf seine Art – er entbot dem auf der Tribüne tobenden Mob den Hitlergruß. Nun gab es kein Halten mehr! Das Pack lauerte ihm nach dem Spiel auf, verprügelte und würgte ihn. Das alles blieb weder unbeachtet noch auf den anhaltischen und sächsischen Raum beschränkt: Am 1. März 2007 brachten Ioannis Amanatidis, ein ehemaliger griechischer Fußballprofi und nunmehr Modeschöpfer, und Patrick Meyer, Geschäftsführer der Stadion Frankfurt Management GmbH, am Frankfurter Eintracht-Stadion ein Schild mit der Aufschrift »Kein Platz für Rassismus« an; fernab der Ogungbure-feindlichen Städte Leipzig und Halle. Inzwischen hängen solche Schilder an mehr als 200 deutschen Stadien und Fußballplätzen. Ohne Theo Zwanzigers Wachrütteln wäre das wohl nur zögerlich und vereinzelt geschehen. Man muss ihm letztlich zugute halten, dass er den DFB stets behutsam von seinem gestrigen brauen Nimbus zu befreien versucht hat und es noch immer versucht.

Der Deutsche Fußball-Bund und dessen braune Vergangenheit – beides schien schließlich auf unabsehbare Zeit untrennbar miteinander verbunden zu sein. Die braune Gesinnung setzte sich unmittelbar nach dem Zusammenbruch des Dritten Reichs fort und hielt sich bis ins Jahr 2006, als Gerhard Mayer-Vorfelder die DFB-Zügel straff in seiner Hand hielt. Einige andere Beispiele aus der DFB-Nachkriegszeit: Peco Bauwens sollte die deutschen Fußballer zwar als erster DFB-Präsident nach dem Dritten Reich in ein neues Deutschland führen, doch tat er es so, wie er es noch zu faschistischen Zeiten gelernt hatte. Anlässlich des WM-Sieges 1954 in Bern erklärte er dem deutschen Volk allen Ernstes, dass nur mit »dem Beistand des germanischen Kriegsgottes Wotan ... das Führungsprinzip der Mannschaft gewahrt worden« sei. Aber damit nicht genug. Als Bauwens ausgerechnet im Löwenbräukeller zu München, wo 13 Jahre zuvor Adolf Hitler eine seiner berüchtigtsten Reden gehalten hatte, 1954 auch noch öffentlich vom »Hochleben des Führerprinzips« sprach, brach der Bayerische Rundfunk seine Live-Übertragung entsetzt ab. Mittlerweile verstorbene Kollegen wähnten sich damals geradewegs in Hitlers Olympia-Reden der Jahre 1935 und 1936 versetzt.

Bauwens' Nachfolger Hermann Gösmann fiel zwar nicht durch Reden dieser Art auf, stattdessen behandelte er Fußballfunktionäre aus Osteuropa nach verflossener großdeutscher Art stets gönnerhaft und herablassend. Angeblich habe er sich nicht merken können, aus welchem osteuropäischen Land die jeweiligen Funktionärskollegen angereist waren, die er auf den Tagungen der Europäischen Fußball-Union (UEFA) treffen sollte. Beobachter von damals glaubten, er schien sie wie zu Hitlers Zeiten einfach nicht zu mögen – und behandelte sie demgemäß: Rumänen begrüßte er lässig als Bulgaren, Ungarn unablässig als Russen, Tschechen immer wieder als Polen. Eine Haltung, die sich rumsprach und innerhalb der UEFA keinesfalls als Marotte abgetan wurde. Hatte Großdeutschland diese Völker doch einst unterjocht und viele von ihnen zu Zwangsarbeitern degradiert.

Den größten Eklat aber lieferte der Saarländer Hermann Neuberger, der bis 1992 als DFB-Präsident im Amt war. Bei der Fußballweltmeisterschaft 1978 in Argentinien empfing er gemeinsam mit der Nationalmannschaft im deutschen Quartier, das ausgerechnet »Toter Hund« hieß, Hitlers Lieblingskampfflieger, den 1982 verstorbenen Hans-Ulrich Rudel, noch immer ein Idol aller alten und jungen Nazis. Im Jahr davor war Rudel noch als umjubelter Starredner der rechtsradikalen DVU durch deutsche Lande getourt. In Argentinien beriet er Diktator Juan Domingo Perón und gründete mit dessen Geld ein NS-Hilfswerk für alte Kameraden. Als Rudel, laut eigener Aussage langjährig mit dem ehemaligen Bundestrainer Sepp Herberger befreundet, in Argentinien 1978 die deutschen Fußballspieler heimsuchte, posaunte Neuberger: »Ich hoffe doch nicht, dass man ihm seine Kampffliegertätigkeit während des Zweiten Weltkrieges vorwerfen wird.« Das Kampfblatt aller deutschen Rechten, die NPD-Postille *Deutsche Wochen-Zeitung* (DWZ), lobte daraufhin die »mannhafte Haltung des DFB«. Niemand im Deutschen Fußball-Bund sprach damals von Beifall aus der falschen Ecke.

Schwarzbraun ist die Haselnuss – mit diesem Nazigebrüll hörte es im DFB auch 2001 nicht auf, als Gerhard Mayer-Vorfelder, den alle Welt nur »MV« nannte, als selbstherrlicher DFB-Präsident erklärte: »Wenn beim Spiel Bayern gegen Cottbus nur zwei Germanen in der Anfangsformation stehen, kann irgendetwas nicht stimmen.« Nach dieser Äußerung stand der DFB – im 21. Jahrhundert wohlgemerkt – gesellschaftlich im Abseits. Mit »MV« stimmte so einiges nicht. Das wurde unter anderem in einer von 2001 bis 2006 tourenden Wanderausstellung deutlich gemacht. Die Schau »Tatort Stadion. Rassismus und Diskriminierung im Fußball« zeigte den ehemaligen baden-württembergischen Kultus- und Finanzminister als Beschleuniger von Nationalismus und Rassismus; als jemanden, der ausgerechnet die *Junge Freiheit* als Lektüre empfahl, ein Blatt, das sich als Mittler zwischen Konservatismus und Rechtsextremismus exponiert hat. »MV« hatte sich über Jahre hinweg einen eindeutigen Namen gemacht – nicht nur als Fußballfunktionär. Als baden-württembergischer CDU-Sportminister wurde er seinem Ruf als Rechtsaußen stets mit Nachdruck gerecht. Als solcher hatte er den Schwaben und Badenern einst sogar empfohlen, zumindest an den südwestdeutschen Schulen alle drei (!) Strophen des Deutschland-Liedes zu lehren, obwohl nur die dritte Strophe als Nationalhymne gilt. Niemand hat ihn deshalb in der CDU oder im DFB gerügt.

Wie sollten bei solch offen vorgetragenem rechten Gedankengut sogenannter Vorbilder gerade bildungsferne Fußballfans *nicht* über Jahre hinweg in der Wolle braungefärbt werden? Als der DFB nach all den Jahren überraschenderweise 2005 den Julius Hirsch Preis stiftete, um ihn an Personen, Vereine und Initiativen zu vergeben, die sich für »Demokratie, Menschenrechte sowie den Schutz von Minderheiten einsetzen«, war das ein erster und großer Schritt in die gegensätzliche Richtung. Der jetzige DFB-Präsident Wolfgang Niersbach erklärte dazu auf der Webseite seines Verbandes: »Mit der Erinnerung an Julius Hirsch wendet sich der DFB seiner Vergangenheit bis in die Zeit des Nationalsozialismus zu. Julius Hirsch steht stellvertretend für viele bedeutende jüdische Spieler, Trainer und Funktionäre, die den deutschen Fußball bis 1933 maßgeblich geprägt haben. Unter dem Druck des menschenverachtenden Naziregimes haben sich der DFB und seine Vereine von diesen Helden und Pionieren abgewandt und sie damit ihrem Schicksal ausgeliefert. Per DFB-Dekret aus dem April 1933 mussten die jüdischen und kommunistischen Mitglieder ihre Heimatvereine verlassen. Viele von ihnen wurden ermordet. Nie wieder darf so etwas geschehen.« Und dann schrieb Niersbach noch: »Mit der Stiftung des Julius Hirsch Preises fordert der DFB seine Mitgliedsverbände und Vereine, seine mehr als sechs Millionen Spieler, Trainer, Funktionäre und besonders die Jugend in seinen Reihen auf, sich gegen Diskriminierung und Ausgrenzung von Menschen auf dem Fußballplatz, im Stadion und in der Gesellschaft zu stellen.«

Nicht nur schöne, sondern auch wichtige Worte, die in ähnlichem Wortlaut auch bei anderen Initiativen zu finden sind, welche sich für einen nazifreien Fußball einsetzen – auf Webseiten, in Aufrufen, mittels Lichterketten oder in diversen Workshops. Ob bei der Amadeu Antonio Stiftung, bei der »Bunten Kurve« in Leipzig, bei BAFF, einem Arbeitskreis gegen rechte Fußballfanatiker, bei der Gruppierung »Fußball gegen Nazis«, bei »1953 international« in Dresden – die Liste ließe sich beliebig verlängern.

Oftmals werden aber nur offene Türen bei denen eingerannt, die sich ohnehin schon gegen Rechtsradikalismus engagieren oder auch nur gern als Gutmenschen gerieren. Nicht selten trifft man dort Leute an, die noch nie mit dem rechten Fußballpöbel in Berührung, sprich: ins Gespräch gekommen sind. Die zuvor auch noch nie auf Menschen gestoßen sind, die nicht lesen, weil ja – ihrer Sichtweise nach – echte Kerl niemals lesen. So sprechen sie denn in ihren Zirkeln oftmals Menschen an, die nie gelernt haben, richtig zuzuhören, aber gewohnt sind, ohne Vorwarnung zuzuschlagen. Zumal viele dieser Leute starke Verbündete an ihrer Seite wissen: rechtsorientierte Anwälte, die sich in dem merkwürdigen Verbund »Deutsche Rechtsbüros« engagieren und sich untereinander die Mandanten wie selbstverständlich zuschieben – größtenteils Mandanten, die ihnen rechtsradikale Ärzte zusammen mit entsprechenden Gefälligkeitsrezepten für Schmerz- und Betäubungsmittel vermittelt haben. Patienten, die nach einer Schlägerei vor oder in einem Stadion von diesen Ärzten versorgt worden sind.

Claudia Luzar von der nordrhein-westfälischen »Back up« erklärt, warum diese und ähnliche Initiativen gegen rechts einen ständigen Kampf gegen Windmühlen ausfechten: »Natürlich ist nur ein sehr kleiner Teil der Ultras (der zumeist gewaltlosen Fußballfans; der Autor) gewaltbereit und zugleich rechtsextremistisch, aber es sieht so aus, als würden die Neonazis oftmals einen gehörigen Druck auf die antirassistisch orientierten Fans ausüben.« Erfahrungen, die sich mit denen des Autors decken und dabei nicht nur das Bundesland Nordrhein-Westfalen betreffen.

Trotz allem gibt das engagierte Verhalten Zwanzigers und Niersbachs zumindest ein wenig Hoffnung, das braune Gedankengut innerhalb des Deutschen Fußball-Bundes ließe sich Schritt für Schritt weitgehend ausmerzen. Vielleicht wird die Rechtsextremismus-Forscherin Angelika Ribler beim Debattieren über neonazistische Gedanken von Trainern, Sportlern und Funktionären dann künftig nicht mehr belehrt, es handele sich angeblich nur um »Bagatellen«. Zeigt sich Ribler davon unbeeindruckt, konfrontiert man sie in hessischen Fußballvereinen fast regelmäßig mit dem Begriff »Gesinnungsschnüffelei«. Irgendjemand in der Runde, der sich für besonders gebildet hält, zitiert schließlich noch Hoffmann von Fallerslebens »Die Gedanken sind frei«. Wenn das als Argument ebenso wenig hilft, heißt es meist unisono, nicht nur in vielen Sportvereinen, sondern auch in manch einer Familie gelte das Thema »Rechtsradikalismus« als tabu. Übrigens: nicht nur im Fußball und nicht nur im beschaulichen Hessen.

KAPITEL 9

Grenzenlose Hooligans

Wer Wind sät …, will auch ernten

Es geschah am Vortag des Spiels aller Spiele: am Tag vor dem Champions-League-Finale zwischen dem FC Bayern München und Borussia Dortmund. Deshalb hörte wohl auch niemand so recht zu, als der Franzose Michel Platini, in seiner Eigenschaft als Präsident der Europäischen Fußball-Union (UEFA), die Bildung einer europäischen Sportpolizei forderte, einer eigens ausgebildeten Spezialeinheit, die über alle Ländergrenzen hinweg Wettmanipulationen, Doping und Hooliganismus effektiv bekämpfen sollte. Platini dazu wörtlich am 24. Mai 2013 in London: »Die Politiker sind sich des Problems offensichtlich nicht bewusst.« Erst ein Dutzend der 53 betroffenen europäischen Länder hätten bislang gerade mal einen Gesetzesentwurf vorgelegt. Die Sache dränge also.

Platinis Rüge gilt natürlich nicht nur Deutschland, sondern etwa auch einem anderen europäischen Fußballland, dessen Bewohner eigentlich ganz andere Sorgen umtreiben: der Türkei. Allein der Mai 2013 – als Platini seine Stimme erhob – ging als trauriger Monat für den Fußball am Bosporus in die Annalen ein. Nach dem Spiel der beiden Istanbuler Vorzeigevereine Galatasaray gegen

Fenerbahce wurde der 19-jährige Fenerbahce-Fan Burak Yildirim von zwei Männern erstochen, die angeblich das Trikot von Galatasaray getragen haben sollen. Denkbar wäre, dass es sich dabei, wie so oft im türkischen Fußball, um eine Tarnung gehandelt hat – vielleicht aber auch nicht. Einer, der sich darin besser auskennt, ist der türkische Sportsoziologe Ahmet Talimciler. Dieser erklärte nach der Bluttat die Situation in seinem Heimatland wie folgt: »Fußball ist nur ein Spiegelbild. Wenn man zu Hause, in der Schule und im Verkehr mit Gewalt umgehen muss, können die Menschen nicht lernen, wie man sich in einem Fußballumfeld verhält. Unsere Fußballkultur wurde aus der Zerstörung der jeweiligen gegnerischen Fans geprägt.« Resignierend fügte er hinzu: »Man könnte nur etwas mit konsequent umgesetzten Gesetzen erreichen, aber das schafft man bei uns auch bei häuslicher Gewalt nicht.« Wie sollte dann ausgerechnet so etwas in einer Männerdomäne wie dem Fußball funktionieren?

Zumal die Verrohung im türkischen Sport auch außerhalb des Profifußballs erschreckend zugenommen hat. Ein typisches Beispiel dafür ereignete sich am 10. Dezember 2012, als die Rollstuhl-Basketballteams der Istanbuler Vereine Galatasaray und Besiktas aufeinandertrafen. Das hochklassige Spiel der Behinderten entfachte auf den Besucherplätzen jedoch statt allgemeiner Begeisterung derart heftige Schlägereien wie selten zuvor. Sie dehnten sich sogar bis auf das Spielfeld aus. Die Halle glich danach einem Schlachtfeld. Rollstühle wurden bis zur Unkenntlichkeit zerstört, behinderte Sportler, zum Teil unfähig, sich zur Wehr zu setzen, brutal verprügelt und dabei schwer verletzt. Egal, welches Trikot sie auch immer trugen. Worauf der türkische Dachsportverband nur lapidar notierte: »Nun hat die Randale auch den Behindertensport erreicht.«

Mögliche Auslöser, die an jenem denkwürdigen 10. Dezember 2012 zu den Prügeleien während des Rollstuhl-Basketballspiels geführt haben, lassen sich nur sehr schwer ermitteln. Es ist ungeheuer mühselig, direkt und dabei unentdeckt in der Fan- beziehungsweise in der Hooligan-Szene zu recherchieren. BBC-Reporter Donal MacIntyre, so etwas wie der Günter Wallraff Großbritanniens, kennt diese Problematik nur zu gut. Zu der Zeit, als dieses Buch zu Papier gebracht wurde, wusste außer einer Handvoll Scotland-Yard-Beamter und ein oder zwei BBC-Redakteuren niemand, wo die Familie MacIntyre derweil untergebracht war. Ebenso wenig, wo sie künftig untergebracht sein würde. Aus Sicherheitsgründen wird man es dabei noch eine ganze Weile so belassen. MacIntyre, der sich schon als Modefotograf tarnte, um in einschlägigen Agenturen den Missbrauch minderjähriger Models zu entlarven, der über ein halbes Jahr lang in einem englischen Heim für Behinderte gearbeitet hat, um daraufhin eine Skandalreportage zu veröffentlichen, die ganz England erschütterte, kam aus all seinen Recherchen bisher immer mit einem blauen Auge davon.

Gefährlich, vielleicht sogar lebensgefährlich wurde es jedoch, als sich der erfahrene Undercover-Reporter tätowieren ließ, sich zudem eine vollkommen neue Identität zulegte, um dann in die kreuzgefährliche englische Hooliganszene auzutauchen, und nicht etwa in die eher unbedarfte Fanszene. Das geschah im Jahre 2009. Doch im Jahr darauf waren ihm die Hooligans, trotz aller Vorsicht, schon längst auf die Schliche gekommen. Als er am 28. Oktober 2010 nach einem Essen mit seiner Frau Ameera wieder einmal die gemütliche Bar »Cloud9« aufsuchte und dort nach einigen Drinks auf die Toilette ging, sah er sich in dem kleinen Raum auf einmal von einer ganzen Meute kräftiger Männer umzingelt. Ohne die üblichen Vorwarnungen und Pöbeleien schlugen sie so lange auf MacIntyre ein, bis dieser schließlich zu Boden ging. Dort traktierten sie ihn unentwegt mit Fußtritten, so dass er dabei beinahe das Bewusstsein verlor. Merkwürdig, dass niemand der anderen männlichen Barbesucher während dieser Zeit auf die Toilette musste, auch dass keiner der Angestellten nach dem Stammgast MacIntyre geschaut hat. Erst als sich dessen Frau wunderte, dass ihr Mann länger als üblich wegblieb, und sie deshalb nach dem Rechten schaute, konnten Ärzte, Krankenwagen und Polizei gerufen werden. Einer der Polizeibeamten erklärte MacIntyre anderntags, er solle das, was ihm in der Bar »Cloud9« widerfahren sei, nicht auf die leichte Schulter nehmen, sondern als ernsten Hinweis der Gegenseite verstehen, seine Recherchen in Sachen Fußball-Hooligans endlich einzustellen. Andernfalls – so deuteten die Polizeibeamten die Prügelszene in der Bar »Cloud9« – könne die nächste Zusammenkunft durchaus tödlich enden …

Doch MacIntyre ließ sich nicht einschüchtern, lieferte nicht nur seinen BBC-Bericht ab, sondern darüber hinaus auch noch der Polizei Hinweise auf einen gewissen Jason Marriner, einem der Brutalsten im gefürchteten Hooligan-Verbund der berüchtigten »Chelsea Headhunters«. Marriner kam 2011 für zwei Jahre hinter Gitter, aber selbst aus dem Gefängnis heraus ließ er seine Hooligans noch nach MacIntyre suchen. Darüber hinaus setzte er die rechtsradikale »English Defence« auf ihn an; eine Gruppe, die der Hooligan-Szene entstammt und direkte, nachweisbare personelle Verbindungen zur rechtsextremen »British National Party« unterhält.

Sicherlich ist es sehr schwer, gewalttätigen Rechtsradikalen zu entkommen, haben sie es erst einmal auf jemanden abgesehen. Ins Ausland zu fliehen, ist nicht immer die beste Lösung, denn alle diese rechtsradikalen Gruppen sind untereinander international erstklassig vernetzt, auch mit rechtsorientierten Ultra-Fans. Auch wenn Polizisten und Politiker in Westeuropa gern abwiegeln, alles sei nur halb so schlimm, wie von Presse und Öffentlichkeit dargestellt, ist die europäische Polizei zu einer Erkenntnis gelangt, die sich mit der fast aller Wissenschaftler deckt: Sie fanden heraus, dass es zwar keine einzige europäische Ultra-Bewegung gibt, die per se zielgerichtet auf Gewalt aus ist, doch genauso wenig gibt es eine, die nicht per se vollständig dagegen ist.

Obendrein findet sich in verschiedenen Ländern, vorwiegend in Italien, Spanien und Großbritannien, keine strikte Trennung zwischen gewaltbereiten, also kriminellen Hooligans, zwischen den ihnen freundschaftlich geneigten Rechtsradikalen und zwischen den Ultras, den eigentlich friedlichen Fußballfans. Indessen greifen die weltweit vernetzten Ultras, obwohl sie immer wieder beteuern, lediglich selbstlos ihre Mannschaft zu unterstützen, – auch in Deutschland – eine Menge Schwarzgeld mit Ticket- und Trikotverkäufen unter der Hand ab. In Italien arbeiten einige Ultra-Gruppen schon seit vielen Jahren sehr erfolgreich mit den örtlichen Mafiosi zusammen, wobei die Mafia vom eingenommenen Schwarzgeld eine beträchtliche Summe an Schutzgeldern kassiert. Dieses »Geschäftsmodell« ist in Deutschland bisher noch nicht bekannt geworden, wenngleich sich die Szene der Ultras und auch der Hooligans seit den 1980er Jahren nahezu weltweit vernetzt hat.

Auch zu vereinzelten südamerikanischen Gruppierungen, die vor Mord nicht zurückschrecken, gibt es enge Freundschaften. Diese Szene ist allerdings vergleichsweise weniger straff strukturiert, also im Grunde auch kaum organisiert. Es handelt sich um mehrere Einzelgruppen, die sich immer wieder auflösen und zeitweilig auch mit anderen Gruppierungen verbünden; schon deshalb werden es V-Männer, die das BKA in Nordrhein-Westfalen seit 2013 verstärkt einschleust, weiterhin schwer haben, nachhaltig Fuß zu fassen. Neuankömmlinge lassen sich oftmals gerade in kleinen Gruppen sofort als solche ausmachen.

Die Kontakte untereinander, derer sich auch die Rechtsradikalen bedienen, sind den Recherchen nach in Europa bereits in den 1980er Jahren zustande gekommen; damals zuerst zwischen Deutschen, Niederländern und Franzosen – auch wenn das Polizei und Politiker zum Teil noch heute anzweifeln. In den 1990er Jahren folgten dann die ersten Zusammenkünfte von Russen und Polen, was die hiesige Polizei erstaunte, da sich Polen und Russen allgemein nicht sonderlich wohlgesinnt seien. Allerdings gab es schon vor rund 20 Jahren Hinweise auf polnische Hooligans, die von Russen versteckt worden sind, und auch auf umgekehrte Aktionen. Hinweise, die es auch im Laufe der letzten zwei Jahre immer wieder gegeben hat.

Als gewaltbereit und äußerst gefährlich stufen die polnischen Sicherheitsbehörden dabei aktuell die Mannschaften jener Stadt ein, die 2014 ausgerechnet den Titel »Europas Sportstadt« tragen wird: Die uralte Universitäts- und Wissenschaftsstadt Krakau. Viele der 760000 Krakauer, vorrangig die Mitglieder des antifaschistischen Vereins

»Nie wieder!«, sehen darin weniger eine Auszeichnung als vielmehr eine Verhöhnung ihrer unbeugsamen Haltung und sisyphusähnlichen Aufklärungsarbeit. Denn sie sind es, die seit Jahren die Rufe »Juden ins Gas!« mit ihren versteckten Mikrophonen aufgenommen und Transparente mit der Naziaufschrift »Arbeit macht frei« fotografiert haben; immer dann, wenn die rechtsextremen und antisemitischen Ultras der Krakauer Vereine Cracovia und Wisla aufmarschiert sind.

Noch mehr Angst als die brutalen Schläger aus Krakau verbreiten jedoch die Hooligans des früheren Armeeclubs Legia Warschau, die von der Hauptstadtpolizei nicht nur dem rechtsradikalen Milieu, sondern ferner dem organisierten Verbrechen zugeordnet werden – nach dem Vorbild der mafiös strukturierten argentinischen Hooligans, der berüchtigten »Barras«. In Polen jedoch handele es sich dabei um Hooligans, die schon vor Jahren angedroht hatten, jeden Juden zu erschlagen, dessen sie habhaft werden können. Mit ihrem üblichen Schlachtruf »Heil Hitler« verbreiten sie in allen polnischen Stadien seit Jahren Angst und Schrecken; dem israelischen Traditionsclub Hapoel Tel Aviv haben sie sogar den »Jihad Legia«, den heiligen Liga-Krieg, erklärt. Eine Drohung, so polnische Journalistenkollegen, die man nicht ernst genug nehmen könne.

Dass es 2010 in Wladimir Putins vermeintlich sicherem und demokratischem Russland sogar zu einer gemeinsamen Demonstration russischer Neonazis mit rechtsradikalen Fußballfans des Clubs Spartak Moskau gekommen ist, dass die Ultras des Lokalrivalen Lokomotive Moskau im Stadion Schilder mit dem Spruch »Russland den Russen« ohne Widerspruch erheben dürfen – das alles scheint dort kaum noch nennenswert.

In Deutschland fand hingegen, wenn auch nur am Rande, die rechtsradikale Gruppierung »Nationaler Widerstand Dortmund« Erwähnung, die einst von Siegfried Borchardt, genannt »SS-Siggi«, ins Leben gerufen worden war. Der »Nationale Widerstand Dortmund« wurde zwar am 23. August 2012 vom nordrhein-westfälischen Innenminister Ralf Jäger (SPD) verboten, doch die Männer um »SS-Siggi« sind auch trotz des Verbotes weiterhin aktiv, nicht zuletzt beim Unterwandern der Dortmunder Ultras und bei der Unterstützung der russischen Naziorganisation »Russkij Obraz«, was so viel heißt wie »leben auf urrussische Art und Weise«.

So wie es seit Jahren Dortmunder Kontakte zu russischen Nazis gibt, so gibt es auch welche zwischen bulgarischen Ultras, die am 20. April 2013 in Sofias Straßen lauthals Hitlers Geburtstag gefeiert haben, zu britischen Hooligans. Diese Gruppierungen sind wiederum direkt mit den Naziorganisationen in ihrem Lande vernetzt. Es gibt auch traditionelle Verbindungen dänischer, schwedischer und niederländischer Ultras mit rechtsradikalem Hintergrund. Landsmannschaftlich geprägt, ziehen des Weiteren tschechische, slowakische und südpolnische Ultras oft an einem Strang. Es finden sich auch merkwürdige Verknüpfungen, die zum einen aus Rechtsradikalen, zum anderen aber aus europäischen Gruppen bestehen, welche aufopferungsvoll spezielle Hilfsaktionen unterstützen. Derartige Verbindungen zwischen Ultras tauchen erwiesenermaßen in Portugal, Italien, Serbien, Kroatien und Spanien auf. Einerseits werden dort Spendenaktionen für Obdachlose und für leukämiekranke Kinder gestartet, andererseits gelten aber gerade die Ultras in Spanien – jenem Land, in dem das faschistische System erst 1975 mit dem

Tod des Diktators Francisco Franco ein Ende fand – noch immer als höchst rechtsextrem.

Mindestens 11 000 spanische Fußballfans, das schätzen die Madrider Sicherheitsbehörden, sind derzeit in rechtsextreme Organisationen eingebunden; sie sind teilweise sogar eifrig in paramilitärischen Naziskinhead-Netzwerken tätig. Spanischen Fußballfans konnten auch Verbindungen zur international agierenden Nazigruppierung »Blood & Honour« sowie zum amerikanischen Ku-Klux-Klan nachgewiesen werden. Weil in Spaniens Behörden und Verwaltungen, im staatlichen Rundfunk und Fernsehen, noch immer Mitglieder ehemaliger faschistischer Familien beschäftigt werden, haben Neonazis oft freie Hand. So sehen es zumindest nicht wenige spanische Journalisten. Viele kleine Gruppen können deshalb unter den spanischen Ultras ihre abstrusen faschistischen Ideen verbreiten, ohne dass ihnen dabei jemand auf die Finger haut. Nicht etwa in unbekannten Clubs irgendwo in der tiefsten Provinz, sondern bei den großen Vereinen, den Aushängeschildern des europäischen Spitzenfußballs, also bei Real Madrid, Atletico Madrid, beim FC Barcelona, beim FC Valencia, bei Sporting Gijon, beim Malaga CF und beim andalusischen Verein Betis Sevilla.

Rechtsradikale Symbole wie das stilisierte Kettenkreuz gehören bei Real Madrids gefürchteten Hooligans, den »Ultra Sur«, bereits auf deren Webseite zur klaren Gesinnungsansage. Das Internet ist für die Ultra- und Hooligan-Szene ein mittlerweile unverzichtbares Medium geworden: zur Selbstdarstellung und zur Information sowie zur Verabredung untereinander.

Über die Fanforen und elektronischen Gästebücher der Ultras wird oftmals ohne deren Zutun verbotenes Material von außenstehenden Rechtsextremen in die eher unbedarftere Fanszene eingespeist. Eine Tatsache, die sich – quer durch die europäische Szene – beinahe stündlich verfolgen lässt; dennoch können die Absender im weltweiten Netz nur selten zur Rechenschaft gezogen werden. Dafür arbeiten sie viel zu professionell. Die Moral von der Geschichte: Weil sie nicht wissen können, von wem sie angesprochen werden – von friedfertigen Fans oder rechtsradikalen Hooligans –, können sich vor allem jugendliche Nutzer in vielen Fällen nicht gegen das in sich geschlossene Weltbild rechtsextremer und gewaltbereiter Überzeugungstäter wehren.

Erst recht nicht, wenn das entsprechende Material aus den USA oder aus Skandinavien kommt. Neofaschistische Gruppen bilden nämlich in allen skandinavischen Ländern, in Dänemark, Norwegen, Schweden und Finnland, einen, wie es dort heißt, außerparlamentarischen und ausnehmend gewalttätigen Zweig der Rechtsextremen, der sich auch in der Fußball- und Eishockeyszene etabliert hat. So gelten zum Beispiel die Fußballspiele der schwedischen Spitzenclubs Stockholm Djugarden und IFK Göteborg bei den schwedischen Sicherheitsbehörden schon seit Jahren als gefürchtete »Hochrisiko-Matches«. In Norwegen wiederum, so glauben die behördlichen Beobachter herausgefunden zu haben, habe es nach dem Massenmord des rechtsextremen Anders Behring Breivik, bei dem am 22. Juli 2011 insgesamt 77 Menschen ums Leben kamen, eher einen Zulauf zu rechtsradikalen Gruppierungen als eine Abkehr gegeben. Das lasse sich noch nicht mit klaren Zahlen untermauern, dennoch gebe es diesen Trend. Was aber die gesamte skandinavische Szene noch ein wenig mehr erhellt: Am 24. Juli 2012 hat ein Gericht im schwedischen Malmö den rassistischen Heckenschützen Peter Mangs wegen zweifachen Mordes und vierfachen Mordversuchs schuldig gesprochen. Breivik hatte nach seiner Tat vor dem Osloer Gericht nicht nur Mangs, sondern auch den deutschen Nationalsozialistischen Untergrund (NSU) als »Gesinnungsgenossen im Kampf« gegen islamische Zuwanderer bezeichnet.

Abermals führten eigene Recherchen im Falle Norwegens zum Fußball – genauer gesagt zu Verbindungen rechtsradikaler Gruppierungen und Hooligans aus Deutschland mit norwegischen Gruppen und darüber hinaus zur Weltorganisation der Nazis, der »World Union of National Socialists« (WUNS). Es handelt sich um eine Organisation, in der auffällig viele Skandinavier, insbesondere aus Schweden, tätig sind. Die Romane der schwedischen Schriftsteller Stieg Larsson und Henning Mankell, die häufig in einer fiktiven skandinavischen Naziszene der Jetztzeit spielen, scheinen demnach gar nicht so frei erfunden zu sein, wie man glauben möchte. Aber zurück zum Fußball: Es gibt in Schweden mitunter Fans, die neben einer Fahne mit gelbem Hakenkreuz auf strahlend blauem Grund, dem Symbol der schwedischen Neonazis, gern einen Banner mit der Aufschrift »Freiheit ist wichtiger als Demokratie« vor sich hertragen: Um unter dieser kruden Aussage Mehrheiten zu sammeln, unterwandern sie nicht nur im Fußball und im Eishockey – eine der populärsten skandinavischen Sportarten – die Fangruppen; sie trainieren ihre Hooligans und Schlägertruppen schon seit den 1970er Jahren in illegalen Kampfverbänden aller Altersgruppen in ganz Skandinavien und in stets schwer zugänglichen Landschaften. Dort, fast im Verborgenen, üben sie seit Jahren den Umgang mit scharfen Waffen, simulieren Sprengstoffattentate und Angriffe mit scharfen Bomben. Erfahrene norwegische Reporter erzählen, dass in diesen Gruppierungen auch Listen missliebiger skandinavischer Journalisten kursieren, um diese Journalisten – wie schon Stieg Larsson in seinen Romanen schilderte – entsprechend »abzustrafen«.

Dieser skandinavische Exkurs geschah nicht ohne Grund, er soll eine Basis für die folgenden Erklärungen schaffen. Geht es etwa um die Finanzierung rechtsradikaler Kreise, fehlen meistens die Beweise. Selbst wenn diese einmal auftauchen, verschwinden sie kurz darauf endgültig. Fügt man die Indizien zusammen, hat Skandinavien innerhalb der internationalen rechten Szene offenbar eine ganz eigene traditionsreiche Rolle inne. Allerdings reicht die Unterstützung rechter Kreise in der alten Bundesrepublik auch weit zurück. Aktenkundig wurde dies im Bonner Bundesinnenministerium erstmals im Jahre 1968. Als tatkräftige finanzielle Unterstützer der NPD fanden sich damals in den Bonner Akten die Deutsche Bank – auf besonderes Drängen von Hermann Josef Abs, der bereits im Dritten Reich im größten deutschen Geldinstitut für den Zwangsverkauf jüdischer Banken und Unternehmen mitverantwortlich war. Zu den Unterstützern der NPD zählten in jener Zeit auch die BASF in Ludwigshafen, die Deutsche Shell AG, die Bayerische Vereinsbank, die Oetker-Gruppe und das Versandhaus Quelle. Wer im Internet nachschaut, wird unter den aktuellen NPD-Unterstützern zwar weiterhin auch das Unternehmen Alois Müller (»Müllermilch«) finden, trotz allem weist der Rechenschaftsbericht der NPD dieses Unternehmen zu keiner Zeit als dessen Financier aus. Auch eine Durchsuchung der NPD-Parteizentrale im Jahre 2008 förderte keinerlei Hinweise auf eine solche Verbindung zutage. Die Staatsanwaltschaft konnte danach nicht tätig werden. Es reichte nicht mal für einen Anfangsverdacht.

Wie sieht es aber im Rückzugsraum der Rechtsradikalen, in Skandinavien, aus? Denn dass die Rechten kaum in Skandinavien vermutet werden, wirkt angesichts der traditionsreichen liberalen Rolle dieser Länder ein wenig widersprüchlich. Vieles bleibt deshalb auch hier nur Vermutung, wenngleich bestimmte Indizien letztlich für sich sprechen. Da wäre an erster Stelle das beliebte schwedische Möbelhaus Ikea zu nennen, dessen 87-jähriger Gründer Ingvar Kamprad mit angeblich rund 33 Milliarden Euro Eigenkapital jahrelang aus Steuergründen in der Schweiz lebte und einst »Funktionär« der nationalsozialistischen »Svensk Socialistisk Samling« (SSS) gewesen ist. Das veröffentlichte – unwidersprochen – im Jahre 2011 die schwedische Journalistin Elisabeth Asbrink in ihrem vielbeachteten Buch *Und im Wienerwald stehen noch immer die Bäume.* 2012 fand der schwedische Geheimdienst ergänzend heraus, Kamprad habe für den SSS nicht nur Gelder abgezweigt, er habe auch Mitglieder rekrutiert und den Parteigenossen empfohlen, wie man bei solchen Rekrutierungen erfolgreich vorgeht. Es bleibt zu befürchten, dass hier auch auf den Sport im Allgemeinen und speziell den Fußball – einschließlich der Fangruppen – hingewiesen wurde. Heute heißt es bei Ikea, Kamprad betrachte seine einstigen rechtsradikalen Tätigkeiten – die nach dem Zweiten Weltkrieg stattgefunden haben – als »größten Fehler seines Lebens«. Außerdem habe sich der alte Herr längst aus allen Geschäften zurückgezogen. Aber entspricht das auch der Wahrheit? Da gibt es zum Beispiel in Luxemburg eine Firmengruppe, die all jene Vorgänge kontrollieren soll, welche Kamprads weitverzweigte Unternehmen – auch Ikea – weltweit durchführen; eine Firmengruppe, in der beim Schreiben dieses Buches auch Ingvar Kamprad als Mitverantwortlicher geführt wird. Welche Rolle spielt er dort?

Welche Rolle spielt außerdem die schwedische Familie Wallenberg, deren weltweites Firmenimperium der Skandinaviska Enskilda Banken zugerechnet wird? Ein Konsortium, das im Volksmund – von Norwegen bis hinüber ins Baltikum – nur die »Nazibank« genannt wird. Belegt ist, dass die Bank nach Kriegsende ausgerechnet im neutralen Schweden deutschen Konzernen wie Bosch, Krupp und den IG Farben geholfen hat, Gelder von deren ausländischen Tochtergesellschaften vor den Alliierten zu verstecken. Das fand jedenfalls der *Boston Globe* heraus und hat es – bis heute unwiderrufen – auch am 6. Juli 1997 veröffentlicht. Hartnäckig halten sich seitdem die kaum zu entkräftenden Hinweise, Enskilda Banken war ebenfalls bei der »Entsorgung« jüdischer Konten aus den Niederlanden involviert. Die Vermutung liegt nahe, dass dieses Geld schlussendlich in rechte Kreise geflossen ist. Ohne (Schwarz-)Geld würde die rechte Szene – gerade die der rechtsanfälligen Ultras und der rechtsradikalen Hooligans – im Übrigen auch kaum funktionieren.

In Frankreich, das brachte nicht etwa die kommunistische Parteizeitung *L'Humanité*, sondern am 4. März 2008 der konservative *Le Figaro* ans Tageslicht, hat der Arbeitgeberverband der Metallindustrie über Jahrzehnte hinweg die dortige rechte Szene mitfinanziert – auch mit direkten Zuwendungen an rechtsextreme Fußball-Hooligans.

Aber es besteht noch ein wenig Hoffnung darauf, das Ansehen des Fußballs wiederherzustellen. Ausgerechnet in jenem Lande, in dem die Fansitten am schlimmsten zu verrohen scheinen, in der Türkei. Es geschah im Sommer 2013, während der Proteste rund um den Gezi-Park in Istanbul. Da ereignete sich etwas, das türkische Zeitungen als »kleines Wunder« bejubelten: Die verfeindeten Ultras der Instanbuler Fußballvereine Besiktas, Fenerbahce und Galatasaray gingen auf die Straße und leisteten – Schulter an Schulter – Widerstand gegen die Polizei. Sie liefen auch nicht davon, als sie mit Tränengas vertrieben werden sollten, und sangen, in ihrem jeweiligen Trikot, gemeinsam mit allen anderen Bürgern die Lieder und Schlachtgesänge gegen Erdoğan. Das war in der Tat ein kleines Wunder, da die Istanbuler Ultras sich bis zu diesem Tage grundsätzlich verachtet hatten. Sie zählen immerhin zu den leidenschaftlichsten der Welt. Dass es bei einem Spiel dieser Clubs Ausschreitungen gegeben hatte, bei denen am Ende auch tote Fans gezählt wurden, gehörte eine Zeitlang zum Fußball in Istanbul. Die plötzliche Verbrüderung der seit Generationen Verfeindeten im gemeinsamen Kampf gegen Erdoğan war ein wunderbares Signal, von dem zu hoffen bleibt, dass es noch lange nachhallen wird.

KAPITEL 10

NSU-Versorgungsraum Pfalz

»Ab 2008 wird zurückgeritten«

Als der Thüringer Fußballverband mal wieder am rührigen NPD-Funktionär Tommy Frenck herummäkelte, weil dieser landauf, landab allzu gern dörfliche Kickerclubs gründete, bellte der braune Fußballfreund zurück: »Wenn Ihnen das nicht passt, spielen wir eben künftig Volleyball.« Was fürs Erste allenfalls nach einer der üblichen nichtssagenden rechten Pöbeleien klang, beinhaltet einen ernstzunehmenden strategischen Hintergrund. Zwar spielt der Fußball für alle rechtsradikalen Zirkel eine überragende Rolle, wenn es um die politische Unterwanderung geht, doch die rechten »Kameradschaften« wissen auch, dass es in Deutschland rund 91 000 Sportvereine gibt, die ihren rechtsradikalen Aktivitäten – querbeet durch alle Disziplinen – ein zusätzliches Feld bieten. Dieses Feld nutzen sie parallel zur Fankurve im Fußball: Vom Schwimmen bis zum Rudern, vom Reiten bis zur Leichtathletik; vom Fechten bis zum Turnen, sogar bis hin zum fernöstlichen Karate und zum exotischen Thai-Boxen. Eine Tatsache, die beim Deutschen Olympischen Sportbund (DOSB) derzeit unterschätzt wird.

In der in den letzten drei Jahren immer populärer werdenden asiatischen Kampfsportszene fiel mir schon vor Jahren beim Mannheimer Karate-Verein Ronin e.V. ein sehr engagierter Trainer auf: Malte Redeker. Innerhalb der Mannheimer und auch der Ludwigshafener Karate- und Thai-Box-Szene wurde Redeker ob seines fachlichen Könnens hochgeschätzt; doch man erzählte sich auch, er trainiere nicht nur ehrgeizige Kampfsportler, sondern auch eine ganz und gar nicht am fernöstlichen Denken interessierte Nazigruppe. Einen Trupp kräftiger brutaler Schläger, den man in seiner Geschlossenheit für den einen oder anderen Parteieinsatz durchaus gebrauchen könne. Irgendwann wurde es still um den Kampfsportler Redeker, bis er als NPD-Mann gemeinsam mit seinem Thüringer Parteigenossen Matthias Herrmann beim berüchtigten »Aktionsbüro Rhein-Neckar« wieder auftauchte; eine rechtsradikale Gruppierung, die auf ihrer Webseite – im Hochsommer 2013 – freiheraus Mitglieder für ihre Einsätze anwirbt. Noch verblüffender ist, dass von dort aus sogar ein direkter Weg zum inneren NSU-Zirkel geführt hat. Derjenige, der Malte Redekers Webseiten in Ludwigshafen gestaltete, heißt Ralf Wohlleben und ist niemand Geringerer als der frühere NPD-Funktionär Wohlleben, der im Frühsommer 2013 im Rahmen des NSU-Prozesses in München der Beihilfe zu immerhin sechs Morden angeklagt werden sollte. Außerdem stand Wohlleben nicht nur im Verdacht, der Zwickauer Terrorzelle um Zschäpe, Böhnhardt und Mundlos mindestens eine Schusswaffe besorgt zu haben, auch von Geld, von rund 30.000 Euro, war die Rede.

Wohlleben und die pfälzische Karateszene als Rückzugs- und Versorgungsraum für den NSU; vielleicht sogar als Trainingsstätte. Die Kunst des lautlosen Tötens eignet man sich schließlich am besten durch Jiu-Jitsu an. Wie gefährlich es dabei zugehen kann, zeigt allein schon die Zulassungsgeschichte dieser japanischen Kampfsportart nach Ende des Dritten Reichs: Die Alliierten haben den Deutschen das Erlernen dieser fernöstlichen Kampftechniken erst im Jahre 1949 nach langen Verhandlungen und unter der einschränkenden Direktive Nr. 23 erlaubt. Nicht gelehrt werden dürfen dieser Bedingung nach tödlich wirkende Schläge und Griffe. Darunter zählen auch jene Schläge, die einen verzögerten Tod herbeiführen und deshalb aufgrund der Unkenntnis über die tatsächliche Ursache als »Unfall« diagnostiziert werden könnten. Da gibt es zum Beispiel den beliebten Schlag auf die Rippe, die anschließend allmählich nach innen bricht und irgendwann dabei den Lungenflügel durchbohrt; oder eine Vielzahl tödlicher Genickhebel. In der rechtsradikalen Kampfszene werden solche Übungen trotz Direktive nicht ausgeklammert – das brachten aktuelle Recherchen an den Tag.

Als jemand, der sich mit solchen Praktiken bestens auskennt, gilt der Neumünsteraner Tim Bartling, 2002 Europameister im Jiu-Jitsu – freilich ohne tödliche Griffe. 2006 gründete er in Neumünster den Club 88, wobei die Zahl »88« als Chiffre für »Letzte Zuflucht Adolf Hitler« steht; ein inzwischen aufgelöster prominenter Neonazitreffpunkt in Norddeutschland – aktenkundig geworden wegen Verbindungen zu den Hells Angels, den Bandidos und zu den deutschen Ku-Klux-Klan-Gruppierungen. Da behaupte noch jemand, Sport und Terror hätten nichts miteinander zu tun. Das sieht auch Winfriede Schreiber, die Chefin des Verfassungsschutzes im Bundesland Brandenburg nicht viel anders. Am 3. Januar 2013 sagte sie der Deutschen Presseagentur (dpa): »Der Sport hat sich lange Zeit sehr schwer getan, weil man sich für unpolitisch gehalten hat.« In einem längeren Bericht erläutert sie dieses Thema dann so: »Nahezu alle bekannten rechtsextremen Parteien, allen voran die NPD und ihre Jugendorganisation Nationaldemokraten (NJ) agieren mit dem ›Mittel Sport‹, um sich einzumischen, für ihre Ziele zu werben oder neue, meist junge Mitglieder an sich zu binden.«

Ein anderes Beispiel für diese These ist verbunden mit dem Namen Ricarda Riefling. Eine Frau, die noch immer als zuverlässig und freundlich gilt. Am 3. März 2013 stellte die *Pirmasenser Zeitung* Frau Riefling ihren Lesern als »nette Frau von nebenan« vor. Da die Pirmasenser Redakteure offenbar nicht weiter recherchiert hatten, dröseln wir an deren Stelle die Geschichte auf: Im Jahre 2006 hatte Riefling im norddeutschen Coppengrave bei Hildesheim damit begonnen, sich im dortigen Sportverein zu engagieren. In der Schwimmabteilung beaufsichtigte sie Kinder und brachte sie anschließend sogar nach Hause. Alle Eltern waren voll des Lobes und sind es noch heute. Dass Ricarda Riefling nach Feierabend in der rechtsradikalen »Gemeinschaft Deutscher Frauen« Hetzreden gegen Migranten hielt, interessierte in Coppengrave weder 2006 noch 2013. Auf diese Weise aber hat die nette Frau Riefling schnell Parteikarriere gemacht. Gegenwärtig gehört sie zum Bundesvorstand der NPD, und sie ist längst eine der einflussreichsten Frauen im organisierten Rechtsextremismus. Sie tritt überaus selbstbewusst auf, denn auch privat fühlt sie sich offenbar bestens beschützt: Ihr Verlobter, Markus Walter, wurde schon 2003 wegen Schändung des Jüdischen Friedhofs im pfälzischen Busenberg, des Beschmierens eines Aussiedlerheims sowie wegen weiterer Straftaten zu einer mehrjährigen Haftstrafe auf Bewährung verurteilt. Der Mann, mittlerweile Pirmasenser NPD-Stadtrat, versteht sich aufs Einschüchtern. Ricarda Riefling ist, folgt man der hessischen Sportwissenschaftlerin Angelika Ribler, kein Ausnahmefall. Ribler hält sie lediglich für eine von vielen Rechten, die über den Sport politisch Einfluss nehmen. Sie sagte dazu schon 2011 im DeutschlandRadio Kultur: »Rechtsextreme wollen in die Mitte der Gesellschaft, und wo ist diese Mitte besonders verortet? Im Breitensport.«

Oder neuerdings auch im Breitensport der Intellektuellen: Wenn es mit dem Fußball nicht klappt, warum es dann nicht mit Yoga versuchen? Yoga und Fernöstliches sind schließlich en vogue. Außerdem, so erinnern uns heute die Neonazis an längst Vergessenes, war Yoga seit eh und je Bestandteil der NS-Ideologie. Deshalb, so lernen es die Neo- von den Altnazis, könnten doch heute die jungen Yogaverrückten auch wieder – im rechtsradikalen Sinne – umgedreht werden, ohne dass es ihnen selbst groß auffalle. Natürlich, so erfuhr ich, müsse sich der angehende Jungnazi zuvor auch intensiv damit auseinandersetzen und in praxi selbst danach richten. So weit die strategische Perspektive und theoretische Sicht. Vorbilder finden sich rasch. Heinrich Himmler, einst Reichsführer der SS und einer der drei mächtigsten Männer im Dritten Reich, bezog sich gern auf das geistige, das Jnana-Yoga. Diese Form des Yoga propagiert die Notwendigkeit, mit innerer Gelassenheit zu töten. Der Indologe und SS-Hauptsturmführer Jakob Wilhelm Hauer stilisierte Yoga – im Auftrag und Sinne Himmlers – sogar zu einer indoarischen Metaphysik des Kampfes und der Tat um. Auf so etwas muss man erst mal kommen.

Dass fernöstliches Gedankengut ins Gegenteil verkehrt und schamlos umgedeutet wird, ist jedoch keine deutsche Erfindung. Die japanischen Kamikazeflieger im Zweiten Weltkrieg – damals die Verbündeten der deutschen Nazis – bedienten sich bei ihren selbstmörderischen Einsätzen bereits bewusst umgedeuteter Koans, jener paradoxen und schwer deutbaren Kurzgeschichten aus dem Zen-Buddhismus. So etwas wird in den letzten Jahren längst in der europäischen Neonaziszene nachgeahmt.

Denn Nazis und Yogaanhänger treffen sich bisweilen in ihrer gemeinsamen Sehnsucht nach einer Autorität und nach jemandem, der führt, Sinn stiftet und Weisheiten vermittelt. Hierfür folgendes Beispiel: Am 29. Januar 2012 wurde Markus Walzuck aus Cottbus, der deutsche Meister im fernöstlichen Kickboxen, vom Dresdner Amtsgericht wegen Volksverhetzung zu einer Geldstrafe verurteilt. Walzuck war 2011 auf einer Mallorcareise gemeinsam mit siebzehn seiner Anhänger in einem Adolf-Hitler-Gedenk-T-Shirt aufgetreten, das die Aufschriften trug: »A.H. Memorial Tour 2011 – Protectorat Mallorca« und »Seit 66 Jahren vermisst. Du fehlst uns. Wir brauchen dich.«

Dieser aktive Neonazi, der sich auch gern in SA-Uniform zeigt, ist aber nicht nur ein prominenter Kampfsportler, er gehört auch zu den Gründern der etwa einhundert Mann starken Hooligan-Gruppe »Inferno Cottbus«, die seit 1999 ein permanentes Problem für den Zweitliga-Fußballverein Energie Cottbus darstellt. Anfang 2013 schätzte Winfriede Schreiber, die Verfassungsschutzchefin des Bundeslandes Brandenburg, den rechtsradikalen Fußball-Hooligan und Kampfsportler Markus Walzuck so ein: »Er ist jemand, der junge Menschen in diese Bewegung zieht. Insofern hat er eine besondere Rolle. Auch wenn er nicht der geistige Kopf ist, aber ein Organisator und Macher der Neonaziszene ist er schon.« Wofür er nicht nur die

Kampfsport-, sondern ebenso die Fußballszene benutze. Wie Walzucks rechtsradikale Karriere künftig weitergeht, stand beim Schreiben dieser Zeilen noch in den Sternen. Am 29. Mai 2013 wurde er aber, nachdem er wegen Mordversuches international gesucht worden war, im österreichischen Salzburg festgenommen. In Cottbus haben er und seine Neonazitruppe für die Saison 2013/14 erst mal Stadionverbot erhalten. Darüber hinaus konnte man ihnen eine enge Bindung zur verbotenen Nazibewegung »Widerstand Südbrandenburg« nachweisen. Derartige Erfolge gegen rechts geben dennoch kaum Anlass für Optimismus. So sagte Susanne Kschenka, Mitarbeiterin des »Brandenburger Instituts für Gemeinwesenberatung« in Cottbus, der Berliner *Tageszeitung* (taz) am 15. Juli 2013, man wisse ja, wie es solche »Chefs« in der Fanszene schaffen würden, sich eine Gefolgschaft aufzubauen: »Wenn jemand lange in der rechten Szene unterwegs war und gleichzeitig in der Fangruppe eines Fußballvereins, schluckt das Fußballumfeld auch dessen Ideologie viel leichter.«

Zweifellos steht also der Fußball innerhalb des gesamten Sports als Andockstation für Rechtsradikale weiterhin deutlich an erster Stelle. Jedoch zeigen Walzucks Aktivitäten auch auf, wie breit die Werbeaktivitäten der Rechtsradikalen im deutschen Sport inzwischen gefächert sind. Das bereite ihm, betonte Sachsens Verfassungsschutzpräsident Gordian Meyer-Plath am 8. April 2013 im Hamburger Nachrichtenmagazin *Der Spiegel*, zusehends Sorgen, gerade im Breitensport. Denn in fast jedem Dorf gibt es mittlerweile einen Fußballverein, zu welchem mindestens ein Familienmitglied in irgendeiner Verbindung steht – und daher finden die Rechten rasch die geeigneten Ansprechpartner. Aber auch sämtliche andere Sportarten bieten sich wegen ihres gesamtgesellschaftlichen Stellenwertes den Rechten als ideale Plattformen an, um die richtige Zielgruppe zu erreichen. Deshalb heißt es bei den Rechten, wenn es mit Fußball nicht funktioniert, versuchen wir es eben mit Volleyball oder Yoga. Gehen wir einmal davon aus, dass jeder Dritte hierzulande in einem Sportverein aktiv ist und – die Erfahrung beweist es – rechtsextreme Einstellungen in allen gesellschaftlichen Gruppen anzutreffen sind, dann muss daraus gefolgert werden, dass man diese politischen Einstellungen ebenfalls im organisierten Sport vorfindet. Die Rechten müssen sie also nur aufspüren und vertiefen. Auch wenn das im Deutschen Olympischen Sportbund (DOSB) ganz anders gesehen wird, weil Sport angeblich unpolitisch sei.

Eine Blauäugigkeit, wie im Falle der Olympia-Ruderin Nadja Drygalla und ihres rechten Ruderfreundes Michael Fischer. Wegen dieser Freundschaft wurde die angehende Polizistin Drygalla bei den Olympischen Spielen 2012 in London gebeten, das deutsche Team auf der Stelle zu verlassen. Was diese auch tat. Die Funktionäre, einschließlich derer des Deutschen Ruderverbandes (DRV), taten so, als hörten sie ausgerechnet in London zum ersten Male davon. Empörung, Enttäuschung, Tränen, Wiedergutmachung. Heute gehört Drygalla wieder dazu. Geläutert, gefestigt und getrennt von Michael Fischer. Auf seiner Webseite führt der Deutsche Ruderverband ihn allerdings weiterhin als Mitglied der deutschen Nationalmannschaft, jedoch ohne weitere Angaben. In welchem Verein rudert der ehemalige Landtagskandidat der NPD heute? In welchem Boot? Es wird hartnäckig geschwiegen. Dass er der rechten Sache abgeschworen habe, mag man angesichts dieser Verstocktheit auch nicht so recht glauben. Beobachter dieser Szene wollen den Rostocker Michael Fischer ausgerechnet in der rechten Szene gesichtet haben – im Sommer 2013; allerdings fernab seiner norddeutschen Heimat, in Franken und in Thüringen, welche keine ausgesprochenen Rudergegenden sind.

Wäre ich beim Ruderverband tätig, würde ich behaupten, es habe sich wahrscheinlich um einen Doppelgänger gehandelt, Schwamm drüber – so wird gern argumentiert. Michael Vesper, der grüne Generalsekretär des Deutschen Olympischen Sportbundes (DOSB), wird letzten Endes auch nicht müde, immer und immer wieder darauf hinzuweisen, dass es in diesem Lande keine rechtsradikal orientierten Sportler gibt. Was allein vom Grundsatz her ein Widerspruch in sich ist, somit reiner Humbug. Diese Meinung kann man aber niemandem verübeln, auch Vesper nicht, der offenbar noch nie etwas von der »Janusköpfigkeit« des Sports gehört hat; sonst könnte er auch nicht permanent vom politikfreien Sport reden.

Die »Janusköpfigkeit« im Sport sei wie folgt erläutert: Einerseits geht es ja ständig um Völkerverständigung und Toleranz, also um ganz hehre Dinge, andererseits aber auch um den Leistungsvergleich, also um eine Auslese, besonders der Leistungsschwachen. Zwangsläufig, da im Leistungssport nur die Leistungsstarken überleben können. Solche ehernen Grundsätze befördern zwar nicht direkt rechte Ideologien, sie unterbinden sie aber auch nicht. Zumindest nicht ausdrücklich. Etwas dürfte aber selbst den DOSB-Managern in Frankfurt nicht ganz entgangen sein: Die Länderbezogenheit internationaler Wettkämpfe, besonders bei Olympischen Spielen und Fußballweltmeisterschaften, schürt das Risiko, dass Stimmungen ganz schnell in Nationalismus umschlagen können, den die Boulevardzeitung *Bild* oft unverfroren als »Patriotismus« feiert. Und was dann? Um nicht als Außenseiter zu gelten, feiern wir alle mit.

Auch dieses Wissen fließt bei den rechtsradikalen Taktikern in deren jeweilige Strategien ein. Wobei neben der Attraktivität des Fußballs auch die praktischen Möglichkeiten anderer Sportarten locken. Zum Beispiel die Aussicht, bei den Sportschützen unterzukommen. Der Deutsche Schützenbund – Sachwalter (fast) aller hiesigen Sportschützen – ist mit 1,5 Millionen Mitgliedern in 15000 Vereinen immerhin der viertstärkste Sportverband Deutschlands. Und weil er vor allem bei Olympia stets besonders erfolgreich auftritt, wird er vom Bundesinnenministerium auch umfangreich mit Steuergeldern gefüttert.

Aus diesem Grund haben sich die Rechtsradikalen seit Jahrzehnten die hiesigen Schützenvereine auch als Schießschulen ausgesucht. Auch weil sie dort einen Waffenbezugsschein erhalten können, so dass sie sich recht unauffällig scharfe Waffen kaufen dürfen. 2011 sollen auf diese Weise hierzulande 811 scharfe Waffen von Rechtsradikalen legal erworben worden sein. Doch das sei nur die Spitze des Eisbergs, behauptet die Amadeu-Antonio-Stiftung. Dort meint man auch, viele Rechtsradikale hätten ihren Waffenschein zuvor bei der Bundeswehr erworben und könnten sich scharfe Waffen später – ohne Aufhebens – als Reservisten besorgen. Eine weitere Anlaufstelle für Rechtsradikale bildet der Verband deutscher Jäger mit beachtlichen 250000 Mitgliedern; auch dieser veranstaltet Meisterschaften, vergibt Waffenscheine und nennt freimütig und hilfsbereit Quellen für den Bezug von Gewehren und Pistolen. Unfassbar auch, dass sogar im Katholischen Schützenverband, wie im Frühjahr 2013 zu hören war, Rechtsradikale Unterschlupf gefunden haben sollen. Obgleich nur kurzzeitig, wie beteuert wurde.

Was aber kann man dagegen unternehmen? Sportschießen endlich nur noch ohne scharfe Waffen zu erlauben, wäre ein erster entscheidender Schritt. Die technischen Voraussetzungen dafür sind längst vorhanden: Seit 30 Jahren entwickelt Bernd Klingner, 1976 Olympiasieger in Mexiko-City, in Bremervörde Laser-Waffen und entsprechende Anlagen, womit er bei weitem nicht der Einzige ist. Doch sowohl der deutsche wie auch der Welt-Schützenbund lehnen die Einführung von Laser-Waffen in ihr offizielles Wettkampfprogramm ab. Es müsse nun einmal knallen und nach Pulverdampf riechen, sonst würden sich die Schützen ja nicht Schützen nennen können. Aber vielleicht akzeptieren die Schützen ja einen Kompromiss. Würde es nicht mehr knallen und nach Pulverdampf riechen, könnten ARD und ZDF die deutschen Schützenvereine auch nicht mehr als »Brutstätte für Rechtsradikale« beschimpfen. Eine Aussage, die laut ARD-Fernsehmagazin »Monitor« vom 24. November 2011 leider einen durchaus realen Hintergrund hat: Zu jenem Zeitpunkt besaßen allein im Freistaat Sachsen 38 (!) bekannte Rechtsextreme 156 zugelassene Waffen. Wie viele von ihnen konnten dem Nationalsozialistischen Untergrund (NSU) zugerechnet werden?

Während sich die Sportschützen dagegen wehren, mit den Rechtsradikalen in einen Topf geworfen zu werden, scheint es aber auch deutsche Sportverbände zu geben, die den braunen Avancen recht aufgeschlossen – oder, wenn man so will: gutgläubig – gegenüberstehen. Da gibt es zum Beispiel das traditionelle alljährliche »Pferdefestival« im mecklenburgischen Redefin, immerhin organisiert von Paul Schockemöhle, *dem* Macher im deutschen Reitsport schlechthin. Innerhalb dieses Turniers wurde bis zum Mai 2012 auch der jeweils talentierteste Nachwuchsreiter aus dem Pferdeland Mecklenburg-Vorpommern ermittelt. Bis Mai 2012 ging es dabei stets um die begehrte Trophäe »In Memoriam Freiherr von Langen«. Auf der Internetseite zu dieser Veranstaltung hieß es, dieses Gedenken gelte »Europas vielseitigstem Reiter und Mecklenburgs erstem Olympiasieger«. Stimmte alles, denn der Freiherr hatte bei den Olympischen Spielen 1928 in Amsterdam gleich zwei Goldmedaillen als Dressurreiter gewonnen – in der Einzel- und in der Mannschaftswertung. 1968 beschloss die Deutsche Bundespost über das damals noch existente deutsche Postministerium – insofern auch die Bundesregierung zu Bonn –, dem tapferen norddeutschen Olympiakämpfer wegen seines »unpolitischen Reiterschicksals« sogar eine Sonderbriefmarke zu widmen.

Schöne Bücher, Gedenkturniere, Sonderbriefmarken – das alles ging so lange gut, bis die Hamburger Historikerin Nele Maya Fahnenbruck in ihrer Dissertation »Pferdesport und Politik im Nationalsozialismus«, veröffentlicht 2013, begründet niederschrieb, dass es sich bei dem »unpolitischen Reiterschicksal« immerhin um einen Obersturmbannführer der SA gehandelt habe, dem Reichspropagandaminister Joseph Goebbels – weil 1934 ein Sturz das Leben des Reiters frühzeitig beendet hatte – 1941 einen NS-Propagandafilm widmete. Ein arisch-heroisches Rührstück, bei dem kein Auge trocken blieb; in der Hauptrolle mit dem damals ungeheuer populären Willy Birgel. Der Titel dieses unrühmlichen Machwerks: »… reitet für Deutschland«.

In Redefin sind sie übrigens im Mai 2013 nicht mehr um die Trophäe »In Memoriam Freiherr von Langen« geritten, sondern nur noch um den Preis eines Glasfabrikanten. Aber mit demselben Eifer wie ehedem. Die offizielle Erklärung für die Umbenennung des Preises: Die frühere Gedenkzeile sei einfach zu lang gewesen, da habe man sich anders entschieden. Was freilich die Deutsche Reiterliche Vereinigung (FN) offenbar nicht tangiert hat. Darum lautet die Adresse aller deutschen Reitersleute auch weiterhin: Freiherr-von-Langen-Straße 13 in 48231 Warendorf.

Das alles erinnert schon gewaltig an die altbekannten, über Generationen anerzogenen Mechanismen und an den merkwürdigen Geist, der teilweise noch immer durch den deutschen Reitsport weht, bis hinein in den heutigen Reitsport-Journalismus. Zur Verdeutlichung dessen noch ein letztes, abschließendes Beispiel: Als die deutschen Vielseitigkeitsreiter, nach ihren Niederlagen vier Jahre zuvor, bei den Olympischen Spielen in Peking endlich wieder ihre Überlegenheit demonstrierten, durfte ARD-Reitersmann Carsten Sostmeier, live über seinen Sender verkünden: »Seit 2008 wird zurückgeritten. Wir holen uns Gold. Gnadenlos.« Jeden geschichtsbewussten Menschen müssen diese Worte mit Schrecken an den Beginn des Zweiten Weltkriegs erinnert haben, als Adolf Hitler am 1. September 1939 folgenden unheilverkündenden Satz in den Reichstag gebrüllt und damit Polen den Kriegsbeginn erklärt hatte: »Seit 5.45 Uhr wird zurückgeschossen!«

SCHLUSSBEMERKUNG

Theo Zwanziger: »Der Fußball nimmt den Rechtsradikalismus nicht ernst genug«

Der Jurist Theo Zwanziger, Jahrgang 1945, leitete von 2004 bis 2012 den Deutschen Fußball-Bund (DFB). Mit seinem Eintreten gegen Fremdenfeindlichkeit und Homophobie schuf er sich im größten nationalen Sportverband der Welt (6,8 Millionen Mitglieder) nicht nur Freunde. 2009 wurde Zwanziger »für seinen Einsatz gegen Fremdenfeindlichkeit, Diskriminierung und Rechtsextremismus« mit dem Leo-Baeck-Preis geehrt. Als Botschafter unterstützt er weiterhin die Initiative »Respekt! Kein Platz für Rassismus«. Wegen seines immerwährenden gesellschaftlichen Engagements habe ich – gewissermaßen als Schlusswort zu diesem Buch – mit Theo Zwanziger das nachfolgende Gespräch geführt.

Herr Dr. Zwanziger, nimmt der organisierte Fußball und dessen Führungsriege die wachsende Problematik des Rechtsradikalismus im Sport, besonders im Fußball, ernst?

Er nimmt sie nicht ernst genug. Denn Fußball ist ja vor allem Spaß und Freude. Aber gerade deshalb sind die Führungskräfte im organisierten Fußball gefordert, immer wieder die Gefahren aus der rechten Szene deutlich und sichtbar zu machen. Sie müssen Zeichen in einer breiten Medienwelt setzen. Denn je weiter wir uns vom Jahr 1945, also vom realen Nationalsozialismus, entfernen, umso mehr sind wir gefordert. Damals war es das Wegducken, jetzt ist es die Nachlässigkeit gegenüber den Rechten. Die Menschen sind nun mal so, wie sie sind. Dabei kann es jeden Tag wieder so kommen, wie vor 1945.

Wie lässt sich, angesichts des NSU-Prozesses und dem weiterhin ungebrochenen Zuspruch zu rechten Ideen, den Rechtsradikalen im Fußball wirklich die Stirn bieten?

Der Sport – das gilt es dabei zu bedenken, ist ja vor allem ein ehrenamtlicher Bereich. Deshalb tut vor allem Zivilcourage not. Es gibt gute Beispiele dafür, beispielsweise auch, als Fans den Rechten einfach ihre Hakenkreuzfahnen weggerissen haben. Auch das gehört dazu. An zweiter Stelle steht für mich die Bildung, die Wissensbildung über das, was Rechtsradikalismus erzeugt hat und wieder erzeugen kann. Das Böse kommt ja oft in der Maske des Guten, hat Dietrich Bonhoeffer gesagt. Das gilt auch für Neonazis.

Apropos, Wissensbildung. Dazu gehört doch auch der seit 2005 verliehene Julius Hirsch Preis. Damit ehrt der DFB jene, die sich in besonderer Weise für Freiheit, Toleranz und Menschlichkeit einsetzen. Er erinnert zugleich an den siebenmaligen deutschen Nationalspieler Julius Hirsch, der wegen seiner jüdischen Herkunft 1943 im KZ Auschwitz ermordet worden ist.

Wichtig ist, dass wir am Beispiel Julius Hirsch den jungen Leuten erklären, so etwas könne heute – unter rechtsradikalen Umständen – eben auch einem Michael Ballack oder einem Philipp Lahm widerfahren. Was würdet ihr denn dazu sagen?

Sie haben einmal gesagt: »Unpolitische Sportvereine sind die erste Anlaufstelle für Rechtsradikale.« Hat sich an dieser Auffassung etwas geändert?

Nein. Schließlich ist ganz klar, dass die Rechten stets dort anfangen, wo man unpolitisch ist. Eine große Gefahrenstelle in den Sportvereinen stellt aber auch das Ehrenamt dar. Denn es sucht ständig Hilfe – und fragt nicht, woher diese kommt. Wenn dann Rechtsradikale tätig werden, ist es rechtlich schwer, solche Leute aus einem Verein wieder rauszuschmeißen. Denn die NPD ist eine zugelassene Partei. Da müssen wir den Vereinen also konkret helfen; es geht ja nicht nur darum, dass man dort den Doppelpass lernt.

Wissen die Politiker zu wenig über die wachsende Problematik der Neonazis im Fußball?

Also meine Gesprächspartner, besonders im Bundesinnenministerium, haben die Gefahrenstelle Ehrenamt und dessen Unterwanderungsmöglichkeit erkannt. Wir wissen auch, dass die Feuerwehren, der Sport, der Fußball, der Kampfsport, zu dieser Unterwanderung neigen. Wer aber dennoch Sicherheit gewährleisten will, stößt an die Grenzen zwischen Freiheit und Datenschutz. Also Überwachung? Das bleibt in einer Demokratie immer ein Balanceakt.

Werden die internationalen Verbindungen hiesiger Hooligans im deutschen Fußball unterschätzt?

Im organisierten Fußball steht etwas anderes im Vordergrund. Ich glaube aber, es wurde begonnen, sich damit zu beschäftigen. Denn bereits vor fünf, sechs Jahren haben sich hauptamtliche Sozialarbeiter an positive Fußballfans gewandt. Doch es wäre gut, wenn wir noch mehr in diese Fanprojekte investieren könnten. Ich sehe da noch einiges an Therapiemöglichkeiten. Schließlich gilt es, wachsam zu bleiben und nicht gedankenlos zu werden.

Was lässt sich gegen den wachsenden Antisemitismus im hiesigen Amateurfußball unternehmen?

Im DFB ist man da einen Schritt weiter gekommen. Wobei uns Dr. Dieter Graumann, der Vorsitzende des Zentralrates der Juden in Deutschland, sehr geholfen hat – besonders in der Frankfurter Szene. Wir wissen, dass antisemitische Äußerungen auf dem Fußballfeld manchmal dümmlicher Art sind, manchmal aber auch sehr bewusst gemacht werden. Dann muss ein solches Spiel vom Schiedsrichter abgebrochen werden und ist gesellschaftlich und sportlich wertlos. Und das wird wohl verinnerlicht.

Personenregister